A Maçonaria Esotérica

Rito Escocês Antigo e Aceito

Álvaro de Queiroz

A Maçonaria Esotérica

Rito Escocês Antigo e Aceito

© 2021, Madras Editora Ltda.

Editor:
Wagner Veneziani Costa

Produção e Capa:
Equipe Técnica Madras

Revisão:
Ana Paula Luccisano
Arlete Genari

Dados Internacionais de Catalogação na Publicação (CIP)
(Câmara Brasileira do Livro, SP, Brasil)

Queiroz, Álvaro de
A maçomaria esotérica: rito escocês antigo e aceito/Álvaro de Queiroz.
– São Paulo: Madras 2021.
Bibliografia.
   1. Maçonaria 2. Maçonaria – Rituais
   3. Maçonaria – Simbolismo I. Título.

16-04247   CDD-366.12

       Índice para catálogo sistemático:
       1. Maçonaria: Rito escocês antigo e aceito:
       Sociedades secretas 366.12

É proibida a reprodução total ou parcial desta obra, de qualquer forma ou por qualquer meio eletrônico, mecânico, inclusive por meio de processos xerográficos, incluindo ainda o uso da internet, sem a permissão expressa da Madras Editora, na pessoa de seu editor (Lei nº 9.610, de 19/02/1998).

Todos os direitos desta edição reservados pela

MADRAS EDITORA LTDA.
Rua Paulo Gonçalves, 88 — Santana
CEP: 02403-020 — São Paulo/SP
Caixa Postal: 12183 — CEP: 02013-970
Tel.: (11) 2281-5555 — (11) 98128-7754
www.madras.com.br

Dedico este trabalho aos queridos Irmãos:
Anilton José da Cruz
Mercinei da Silva Nacimento
Paulo Roberto da Costa Callado
Sergio Luppi Rodrigues
Sidney Vicente Maggi

Índice

Introdução 11
O Desconhecido 15
   O Esoterismo 17
A Escolha dos Candidatos 19
A Preparação Esotérica dos Candidatos 25
A Preparação para a Iniciação 33
A Câmara de Reflexões 41
   A Morte Iniciática 42
   As Trevas 43
   V.I.T.R.I.O.L 46
   O Galo 47
   A Parede Esquerda da Câmara de Reflexões 51
   O Esqueleto 51
   A Ampulheta 52
   O Alfanje 53
   A Parte Direita da Câmara de Reflexões 54
   A Mesa da Câmara de Reflexões 54
   A Bilha de Água 55
   O Pão 56
   O Enxofre 56
   O Sal 57
   O Mercúrio 58
   A Grande Obra 59
   O Testamento 62

O Silêncio 63
A Entrada no Templo 65
A Prova da Terra 66
A Prova Física 67
Os Pensamentos 70
O Princípio Criador 72
A Virtude 74
O Vício 76
A Taça Sagrada 78
A Primeira Viagem 82
A Prova do Ar 84
A Segunda Viagem 85
A Prova da Água 86
A Terceira Viagem 88
A Prova do Fogo 90
O Batismo de Sangue 91
O Juramento 92
A Verdadeira Luz 93
O Reconhecimento 96
As Joias Representativas dos Cargos 99
  Venerável Mestre 99
  Primeiro Vigilante 105
  Segundo Vigilante 106
  Orador 107
  Secretário 108
  Tesoureiro 109
  Chanceler 110
  Mestre de Cerimônias 111
  Hospitaleiro 112
  Guarda do Templo 113
  Cobridor 114
  Diáconos 115

Experto 116
Porta-Bandeira 117
Porta-Espada 117
Porta-Estandarte 118
Arquiteto 118
Bibliotecário 119
Mestre de Banquetes 120
Mestre de Harmonia 120
Ex-Venerável 121
Os Aventais 123
   O Avental de Aprendiz 125
   O Avental de Companheiro 126
   O Grau de Mestre 127
   Aventais dos Oficiais 129
   Aventais dos Vigilantes 129
   O Avental de Venerável 130
A Abertura dos Trabalhos 133
   A Egrégora 140
   A Bolsa de Beneficência 143
Encerramento dos Trabalhos 149
Comentários Finais 151
Bibliografia 157

Introdução

A existência de pessoas esclarecidas e preparadas para conhecerem a vida e a si mesmas sempre foi um grande temor para as entidades que queriam dominar o mundo. Elas prefeririam que a superstição e a ignorância predominassem sobre a população, e a única forma de combater a verdade é perseguindo e eliminando seus seguidores. Essa atitude radical fez com que diversas sociedades iniciáticas se tornassem secretas, ocultando seus conhecimentos do mundo profano.

Por outro lado, existia o receio dos esclarecidos de que o conhecimento fornecido a quem não saberia usá-lo seria uma perda de tempo que acabaria banalizando seu uso e desacreditando o conhecimento.

Algumas entidades, principalmente religiosas, preferiram criar dois sistemas: um chamado exotérico, destinado a ser revelado a toda a população; e outro denominado esotérico, revelado aos escolhidos por meio de iniciações. A maioria das entidades não religiosas preferia fornecer seus conhecimentos apenas para os escolhidos que deveriam ser iniciados. A necessidade da Iniciação vem do fato de a pessoa nascer novamente dentro de uma nova visão da vida, muito mais ampla, que permite que ela ultrapasse a fase material e se prepare para a fase espiritual, que é seu futuro destino.

A Maçonaria em sua fase especulativa acabou se tornando uma grande ameaça porque reunia pessoas de várias camadas sociais, com credos religiosos e crenças políticas diferentes em um mesmo ambiente, vivendo na mais perfeita harmonia. Esse fato, segundo seus adversários, poderia destruir tanto as estruturas políticas como as religiosas, resultando em um domínio total de uma entidade desconhecida que mantinha seus ensinamentos ocultos e somente admitia membros escolhidos. O que os adversários não levavam em consideração é que, embora as pessoas fossem diferentes, os propósitos eram iguais, todos desejavam o conhecimento.

Essa falta de conhecimento sobre a Maçonaria e outras entidades resultou em um grande número de informações especulativas que foram alimentadas pelo fanatismo, transformando-se em perseguições ao longo dos tempos.

A Maçonaria conseguiu sempre manter a chama acesa e suas Lojas conseguiram se espalhar por todo o planeta, mantendo a mesma posição de somente aceitar membros escolhidos para serem iniciados.

Atualmente, a Maçonaria deixou de ser secreta para se denominar discreta, e parte de seus conhecimentos tem sido divulgada por meio de livros impressos em vários idiomas, porém, mesmo assim, ainda existe grande preconceito, principalmente de entidades religiosas, que não admitem que ela mantenha segredos, embora essas mesmas entidades não divulguem como são formados seus membros superiores.

É necessário destacar que mesmo os iniciados não adquirem conhecimentos iguais, pois o lado esotérico é visto e estudado por olhos, cérebros e dedicações diferentes, o que resulta num conhecimento maior a quem se dedica mais.

Como o conhecimento maçônico é ministrado por símbolos e alegorias, muitos fatos passam despercebidos e não são relacionados entre si, resultando num aprendizado deficiente.

Este trabalho não tem por objetivo revelar os grandes segredos da Maçonaria, pois eles somente existem ocultos no coração de cada membro. O objetivo é revelar alguns detalhes importantes que passam despercebidos e que podem melhorar o aprendizado. Para quem não é maçom, é uma ótima oportunidade para conhecer alguns aspectos maçônicos.

Obs.: As Potências Maçônicas possuem manuais semelhantes. Neste trabalho, utilizei como base os manuais da Grande Loja Maçônica do Estado de São Paulo.

O Desconhecido

Se partimos da existência de uma Entidade Suprema (pois somos maçons), quando Ele criou o Universo não escondeu nada, tudo se encontra à disposição do ser humano ou quaisquer outros seres pensantes que possam existir em sua Grande Obra. Com relação ao ser humano, Ele propiciou a existência em sua forma primitiva e o dotou de inteligência e livre-arbítrio, para que pudesse raciocinar e escolher o melhor caminho.

Se Ele criasse um ser que possuísse todo o conhecimento do Universo, estaria criando uma nova Entidade Suprema. Talvez seu objetivo seja esse, mas o método escolhido foi o de um aprendizado a ser desenvolvido pelas próprias criaturas, que podem levar esse objetivo a seu término ou se autodestruírem; talvez existam outras civilizações em vários pontos do Universo que estejam passando pela mesma situação.

Nada foi feito ao acaso, mesmo as ocorrências catastróficas que surgiram no início da formação do Universo e de nosso planeta tiveram uma razão de ser. Os animais primitivos e as transformações climáticas, aquáticas e terrestres existiram daquela maneira, já que se tratava de coisas materiais sujeitas às leis físicas que começamos a entender nos dias atuais.

Dessa forma, é evidente que em sua ignorância primitiva o ser humano desenvolveu o medo do desconhecido, surgindo situações aterrorizantes em sua mente. Por meio de situações sem resposta surgiram e ainda surgem deuses e demônios criados em mentes deturpadas ou charlatões ávidos em utilizar a ignorância humana.

No estágio atual, ainda é impossível ao ser humano compreender o Universo e seus objetivos, mas sempre existiram e continuam existindo pessoas conscientes de suas responsabilidades perante a humanidade, as quais, ao longo dos tempos, realizaram e continuam realizando descobertas fantásticas em todos os segmentos.

Também no campo religioso existiram mudanças significativas e as religiões, em sua maioria, procuram se adaptar aos novos tempos. Da mesma forma, surgiram entidades como a Maçonaria, voltadas ao desenvolvimento humano.

Para a ciência, tudo tem de ser comprovado, até mesmo a existência de Deus, embora muitos cientistas tenham manifestado sua crença. No campo religioso a comprovação depende da fé e muitos, além de aceitarem a existência da Divindade, afirmam que conseguem se comunicar com Ela.

O desconhecido não é uma ameaça, a ignorância representa as trevas e o conhecimento, a luz. Em nosso estágio atual, embora alguns falem do enorme progresso adquirido pela humanidade, ainda estamos dando os primeiros passos num pequeno planeta situado no Universo descomunal.

Todos os segmentos da sociedade devem continuar procurando uma forma de melhorar as condições de vida, tentando eliminar a ignorância, que resultará em novos conhecimentos que irão eliminar as superstições e os medos. Nós, maçons, temos de cumprir nossa parte, iniciando e preparando pessoas para que elas possam tornar feliz a humanidade.

O Esoterismo

O esoterismo vem do grego *esoterikos* e representa todo ensinamento ministrado aos escolhidos, um círculo restrito e fechado dos que são considerados merecedores.

É a transmissão da força espiritual ao iniciado por meio de uma corrente de adeptos, cujo objetivo é revelar a Luz Oculta invisível para os que vivem no mundo profano.

Esse procedimento é realizado por intermédio da Iniciação, que tem por objetivo introduzir o princípio do equilíbrio entre o lado exterior e interior para que o iniciado possa cumprir todas as suas obrigações materiais e, ao mesmo tempo, se preparar para as futuras responsabilidades espirituais.

O esoterismo é, na realidade, um modo de transmitir a Tradição que vem se desenvolvendo pelos tempos e que se apresenta de diferentes formas de acordo com a época e a cultura, mas que estabelece sempre uma estrutura básica de manter os segredos por meio de um controle codificado da informação, representando uma Tradição Primordial.

Ela não pode ser considerada como a sabedoria em si mesma, mas como a expressão primeira da sabedoria cósmica que foi tornada acessível à compreensão e que apenas se manifesta quando existe uma inteligência apta a receber seus ensinamentos, tendo surgido na Terra no momento em que determinada inteligência almejou a sabedoria.

É necessário entender que o esoterismo não é o conhecimento, mas a maneira de chegar a ele, não podendo ser considerado uma aquisição de conhecimento e sim seu despertar.

Atualmente, há uma confusão classificando o esoterismo como uma técnica de sonegação de informações quando, na verdade, é uma técnica de transmissão.

A parte teórica, os símbolos, ritos e alegorias, são suportes materiais para despertar o "ser exterior", procurando desta forma harmonizá-lo com o "ser interior", que é o verdadeiro objetivo.

A revelação progressiva é uma forma de adaptação à lógica emocional e dramática, visando à conquista do homem espiritual, pois na própria natureza o conhecimento é revelado aos poucos de acordo com a vivência.

Outro aspecto que muitos não entendem do esoterismo são as várias técnicas utilizadas que, na realidade, são apenas ferramentas por meio das quais a metodologia transcendental é transmitida, podendo variar conforme a época e a civilização. Podem existir modificações no decorrer do tempo, embora a essência deva permanecer a mesma.

Porém, para que parte da essência do conhecimento primordial fosse transmitida aos que não estavam preparados para o árduo caminho do conhecimento interior, foram criadas maneiras denominadas exotéricas de transmissão voltadas para o público em geral representado pelo "ser exterior". Essas formas foram desenvolvidas pelas religiões que, por meio de dogmas e ritos, procuraram manter o ser humano voltado para a espiritualidade, fornecendo de maneira simples conhecimentos morais, filosóficos e espirituais.

Dessa forma, por meio dos grandes movimentos religiosos, parte da Tradição Primordial pode chegar aos homens comuns pelos ensinamentos culturais ligados ao modo de vida.

O objetivo dos movimentos religiosos era tentar amadurecer a humanidade para que, no futuro, ela estivesse preparada para receber a "verdadeira luz".

A Escolha dos Candidatos

Há uma tradição que encontramos na literatura de quase todos os povos, em todos os períodos da história, de que existem seres humanos que sabem mais que outros e que, em vez de compartilharem esse conhecimento com seus semelhantes, os guardam para si mesmos ou para poucos eleitos que se comprometem a manter segredo absoluto de somente repartir o conhecimento com aqueles que estiverem dispostos a assumir as mesmas obrigações e forem considerados dignos de receber tal privilégio.

Esse conhecimento representa a base das doutrinas secretas e se refere à natureza interna do ser humano e do Universo, não sendo possível seu entendimento por meio dos sentidos físicos apenas pelos sentidos superiores.

Os iniciados compartilhavam a crença de que tais conhecimentos não podiam cair em mãos indignas que iriam utilizar esse poder para causas que trariam grandes prejuízos para a humanidade. Quem possuía esse conhecimento era apenas um depositário e não proprietário, não podendo utilizar o poder sagrado em seu uso próprio. Existem inúmeros relatos de terríveis castigos para os violadores, quer pela mão dos companheiros iniciados ou pelas divindades contra as quais haviam pecado.

Existia também a crença de que as ciências ocultas possuíam um aspecto prático e que o conhecimento de suas leis conferia poderes nos Mundos Sutis, da mesma forma que as leis naturais conferem poderes no mundo físico ou material.

Segundo relatos, esse conhecimento era tão secreto que ninguém conhecia seus colégios, bibliotecas ou estudantes, mas, se um ser humano se transformasse num recipiendário digno, cedo ou tarde era posto em contato com quem poderia instruí-lo; ou quando o aprendiz estivesse apto o mestre apareceria, porém o estudante que não estivesse preparado nas coisas elementares, não poderia compreender os ensinamentos superiores.

Muito tempo é desperdiçado ao que ele deveria ter aprendido facilmente em sua vida e, embora a intuição possa captar ensinamentos sem o auxílio do intelecto, muito se perde em razão da incapacidade do estudante em entender o significado de sua oportunidade.

É necessário um cuidado especial do proponente na escolha do Candidato, pois a perda de tempo com pessoas erradas causa um prejuízo a todos. Algumas Lojas maçônicas costumam fazer uma entrevista pessoal com o Candidato com a presença de sete Mestres, sendo o resultado discutido e comunicado ao Venerável.

As pessoas de escassa iluminação normalmente se identificam com seu próprio corpo físico e coisas materiais e, embora vivam suas emoções e sentimentos, apenas conseguem pensar livre e coerentemente sobre problemas concretos, não raciocinando abstratamente nem experimentando as instituições do Plano Espiritual.

O poder do pensamento deve ser desenvolvido junto ao crescimento moral. Pôr a mente a serviço do próprio ego é permitir o desenvolvimento da intuição e encontrar a si mesmo. Quem purifica o corpo físico sublima as emoções e torna a mente tranquila, descobre em si a verdade-guia de sua personalidade. Assim como o sangue elimina as impurezas para nutrir o corpo, o ego separa o que é bom para nutrir a alma e conquistar sua libertação total.

O proponente deve ter em mente que no mundo profano a Maçonaria está revestida de inúmeras lendas, tanto de origem favorável como desfavorável, que podem gerar ilusões positivas ou negativas.Dessa forma, é necessário conhecer qual a visão que o futuro Candidato possui e procurar orientá-lo, não gerando falsas expectativas que podem se transformar em grandes frustrações.

Não basta o futuro Candidato ser legal, acreditar em uma Entidade Suprema, numa vida após a morte, ter uma vida correta e uma família estruturada, existem outros requisitos que devem ser observados com muito cuidado, dependendo de uma análise profunda para que o tempo, este bem tão precioso, não seja desperdiçado numa escolha errada, fruto de uma interpretação precipitada.

Antes de mais nada o proponente deve observar se a pessoa a ser indicada tem paciência em escutar mantendo a calma sempre que algo está sendo explicado. Quem é afoito e muito apressado, passará pelos conhecimentos profundos sem dar a devida atenção, na ânsia de galgar os Graus e se tornar um Mestre e, na verdade, saberá menos que um Aprendiz.

Outro aspecto é a vontade de aprender ou tirar dúvidas. Uma pessoa que escuta mas não faz perguntas pode representar um ser que tem uma mente estagnada, que se contenta com pouca informação não buscando o que se encontra escondido e que poderá se constituir no lado esotérico.

Devemos lembrar que o conhecimento, mesmo nas sociedades iniciáticas, não é algo que cai no colo; é necessário a busca e a perseverança para encontrar o que não é visível a todos.

Muitos membros de sociedades iniciáticas passam suas vidas frequentando Templos sem procurar buscar conhecimentos ocultos, limitando-se a cumprir a ritualística e observar seus Irmãos de Ordem sem colaborar na busca do conhecimento.

Além de ter possibilidades de arcar com as despesas de manutenção da Loja Maçônica, o futuro Candidato deve poder comparecer às reuniões, pois a falta de comparecimento é o principal motivo para prejudicar um aprendizado.

A religiosidade é um fator de grande importância. A maioria das religiões transmite conhecimentos morais, filosóficos e espirituais que despertam a vontade do conhecimento e o desejo de servir a humanidade, fator preponderante nas sociedades esotéricas. Por esta razão, devemos saber qual o grau de comprometimento religioso das pessoas que estamos propondo. Não existe a necessidade de um religioso fanático, pois combatemos o fanatismo, mas atualmente existem pessoas que se dizem religiosas e na verdade se comportam como ateus. Devemos lembrar que até Jesus Cristo teve problemas de falta de fé entre seus apóstolos e foi traído por Judas Iscariotes.

As indicações baseadas em interesses de origem profana estão sujeitas ao fracasso por diversas razões cuja principal diz respeito à consciência de quem está apresentando, que por ser Mestre Maçom deve saber das consequências da introdução de uma pessoa sem condições, quer para a Loja, quer para a própria pessoa.

Embora a Maçonaria seja uma escola de aperfeiçoamento humano, ela não foi feita para todos; por esta razão, é necessário a seleção, pois a escolha errada traz consequências imprevisíveis.

O profano proposto a entrar na Ordem recebe várias denominações de acordo com o seguinte:

CANDIDATO – Período que vai da assinatura do pedido até ser escrutinado.

POSTULANTE – Da aceitação do seu pedido pela Loja até a sua entrada na Câmara de Reflexões.

RECIPIENDÁRIO ou ASPIRANTE – Da saída da Câmara de Reflexões até o término das provas.

NEÓFITO – Do término das provas até o final do discurso do Orador, quando passa a Aprendiz Maçom.

A Preparação Esotérica dos Candidatos

Após os documentos do Candidato serem aceitos pela Potência Maçônica correspondente, torna-se necessária uma entrevista com sua esposa para saber se ela tem algo contra a entrada de seu marido. Antes de obter a resposta é preciso enviar um folheto explicativo, que pode ser lido por todos da família, no qual devem constar esclarecimentos sobre os seguintes assuntos: o que é a Maçonaria, como surgiu, quem pode ser maçom, o que é uma Loja Maçônica, se a Maçonaria é uma sociedade secreta, se é uma entidade política-religiosa, se quem entra na Maçonaria não pode mais sair, se os ensinamentos são uma lavagem cerebral, além de alguns outros temas que mostrem aspectos importantes para que não existam dúvidas que possam principalmente gerar medo e desconfiança.

Tendo recebido a confirmação positiva da esposa do Candidato, chega o momento de prepará-lo, cabendo ao padrinho esta função.

O apadrinhamento tem origem no século II na natureza religiosa cristã. O termo vem da palavra *patrinus,* derivada de *pater.* Por volta do século V, os apadrinhadores do sexo masculino foram chamados de pais espirituais. Existem também os padrinhos de investidura que se comprometem a auxiliar seus afilhados em funções que não são necessariamente religiosas.

Em algumas religiões afro-brasileiras, os termos padrinho ou madrinha são utilizados para designar os pais e mães espirituais denominados de pai de santo e mãe de santo.

Na Igreja Católica, no ritual de batismo, o padrinho e a madrinha devem ter sido iniciados nos Sacramentos do Batismo, da Crisma e da Eucaristia. Na Maçonaria, o padrinho deve ter passado pela Iniciação de Aprendiz, Companheiro e Mestre.

Muitas coisas interessantes podem e devem ser ditas pelo padrinho ao Candidato. Aproveito para dar uma pequena ideia do que pode ser dito ao Candidato como preparação esotérica.

O Grande Arquiteto do Universo se manifestou criando o Universo e tudo que nele existe. Seu objetivo sempre foi a evolução. Por meio do amor, Ele expandiu Sua consciência nas criaturas que criou fornecendo todas as Suas qualidades para que elas possam evoluir. Quando ouvimos falar que possuímos Ele dentro de nós e fomos feitos à Sua imagem e semelhança, devemos entender que a imagem e semelhança não é física.

Entre a árvore e a semente existe uma grande diferença, embora todas as características da árvore estejam na semente. Assim também o ser humano está encerrado no embrião materno não possuindo nenhum de seus poderes, que aguardam latentes sua futura manifestação. Dessa forma todo o Universo, com todos os reinos de suas naturezas, é parte do Criador, manifestando-se em sua hora certa dentro do processo evolutivo.

O Universo surgiu da vontade e da fecundação do Criador, onde o som criou forma numa unidade real de vida manifestada na origem de tudo que existe. As almas que são partículas do Criador iniciam um processo de involução representado pela descida à matéria, desenvolvendo seus poderes oriundos do Pai, e com o aparecimento da forma surge o tempo e o espaço.

Todo o potencial humano se encontra em manifestação, embora esteja no período de involução. A Centelha Divina (Mônada) anima o reino elementar, mineral, animal e por último humano, pois contém toda a sabedoria, poder e amor do Criador constituindo a força propulsora que imerge na matéria, modificando e imprimindo novas qualidades.

O Criador em sua manifestação participa de todo o processo de involução sem interferir, mantendo livre o poder de Sua criação que pode evoluir sua espiritualidade retornando ao Criador.

Existem pessoas que acham que o ser humano não tem guia e que apenas quem possui fé em algum protetor religioso é ajudado nas horas difíceis da vida. Porém, seja qual for sua crença, sua alma é imortal e o Criador sempre está presente.

Mas há outros que questionam: "Se a alma é pura ao emanar do Criador e contém todas as qualidades, qual o motivo de sua descida à matéria passando por uma grande limitação para depois se libertar e voltar novamente ao Pai?". "Como uma criança inocente e pura poderia realizar as tarefas de um adulto sem passar pelas experiências do mundo físico?" Mesmo uma criança com uma alma grandiosa não poderia fazer nada se fosse educada sem nenhuma experiência pessoal, ela acabaria crescendo sem nada contribuir para o processo de evolução.

A alma emanada do Criador, não tendo jamais habitado os mundos inferiores, não poderia compreender suas necessidades.Cabe às almas o dever de trabalharem em benefício da evolução, manifestando as qualidades emanadas do Criador. Cada alma é como um arquiteto e deve em cada período de sua evolução construir algo colaborando com o Criador no Seu maravilhoso plano, este é o objetivo da criação.

O Criador não é uma pessoa ou um ser que possui vida material, Ele é uma coisa invisível, intangível e verdadeiramente real que nós denominamos de vida, representa o amor perfeito e o poder infinito.

Só existe um Criador no Universo que é a fonte de onde emanam todas as formas, sejam elas rochas, árvores, animais e outros seres. Ele é amor, algo que não podemos definir, mas que existe em todo o Universo.

O Criador não é apenas o poder, Ele é todo o poder, a fonte que existe em todas as coisas. Como fonte de toda a existência, não é somente onipotente, é todo o poder; não é somente onisciente. Ele sabe tudo; não é apenas onipresente, é a presença dotada de todas as qualidades, é o próprio Bem em absoluta perfeição representando o Espírito Uno.

O ser humano é a última e a mais elevada manifestação da Divina Energia, é a plena e completa expressão do Criador, tendo sido dado a ele o domínio sobre todas as outras manifestações.

O Criador não é apenas a causa criadora de cada forma visível de inteligência e de vida, Ele acompanha todos os momentos de existência de sua obra, pois está presente no interior de cada coisa criada.

O ser humano é um ser tríplice que possui espírito, alma e corpo. O espírito é o nosso ser mais interno onde se localiza o Divino. Corresponde à parte central em que, por meio de nossa compreensão, podemos nos unir a Ele. Alma, mente mortal ou mente carnal é a região do intelecto onde os pensamentos da consciência local do livre-arbítrio são gerados. Corpo é a parte exterior do ser humano na qual o Criador desce ao Universo Material.

Nós, seres humanos, somos Irmãos, pois somos todos manifestações do mesmo Espírito Criador.

O poder do pensamento deve ser desenvolvido em conjunto com o crescimento moral. As forças devem pôr a mente a serviço do próprio Ego, abrindo o caminho para o desenvolvimento da intuição; o ser humano deve encontrar-se a si mesmo, conhecendo realmente quem é. Mas se torna necessário purificar o corpo físico, sublimar as emoções para que a mente se torne tranquila e a personalidade mais pura, bela e nobre.

Existe um único poder no Universo e esse poder é o Criador, Ele é todo o bem. Os males aparentes não são entidades ou coisas em si mesmas, são simplesmente a ausência do bem, assim como as trevas são a ausência da luz.

A aparente ausência do bem é irreal, pois assim como não há vida ou inteligência na matéria, o mal não existe. Não existe nada em todo o Universo que possa incutir o medo quando Aquele que vive dentro de nós é o Criador de tudo que existiu, existe e existirá.

O proponente deve informar ao futuro iniciado que o objetivo da Iniciação é conferir a iluminação da alma por meio da luz interna.

Iniciado significa aquele que o Eu Superior ou individualidade se fundiu com a personalidade, encarnando no corpo físico. O iniciado é aquele cujo Eu Superior nos olha pelos seus próprios olhos. A personalidade fica reduzida a uma série de hábitos e costumes do mundo profano, enquanto o Eu Superior fica livre para poder realizar sua obra restringindo as exigências relativas ao Plano Físico.

A grande Iniciação se recebe sempre fora do corpo, passando por ela em plena consciência e mantendo a memória do ocorrido.

O EU Superior começa a manifestar-se no corpo físico a partir do momento da Iniciação, passando a não existir uma grande diferença entre a individualidade e a personalidade.

É necessário que exista uma grande preparação antes que essa manifestação seja possível, pois se essa manifestação fosse tentada antes da necessária preparação, o Eu Superior encontraria uma grande disparidade entre a parte espiritual e material.

Antes que o Eu Superior possa começar a manifestar-se na consciência cerebral, a personalidade tem de se alinhar com a individualidade.

Devemos considerar que a individualidade passa sua existência nos planos espirituais, enquanto a personalidade passa na esfera material. Os sentimentos da individualidade se inspiram no desejo de estabelecer uma harmonia com a vida Divina equilibrando seu ser, enquanto as ações da personalidade procuram manter a harmonia com o Mundo da Matéria, onde o corpo físico tira seu próprio sustento. Dessa forma, cabe à personalidade reorientar sua posição antes de poder alinhar-se com o Eu Superior.

O iniciado deve se preparar para mudar a base de todos os motivos para receber a Iniciação, e isso requer uma unidade de propósito para que não retroceda ante nenhum sacrifício. Tanto a personalidade como as coisas dos sentidos devem ser sacrificadas para que o Eu Superior possa manifestar-se.

Enquanto a consciência está ligada à personalidade, não podemos manter contato com as realidades, apenas podemos ver os reflexos do mundo da forma.

A predominância do Eu Superior serve para desviar nosso olhar da consciência da forma, dirigindo-o para a realidade que é vida e não forma; esse procedimento constitui a tarefa da Alma em busca da verdadeira Iniciação.

Não adianta ter uma fé desordenada por uma mente inquieta e intranquila. Também não adianta uma frequência às reuniões esotéricas para cumprir uma obrigação sem que a mente esteja preparada para beneficiar-se e beneficiar os demais. Toda a corrente mental, para ser forte, depende da força mental de quem a compõe. Segundo a máxima hindu: "O homem se converte naquilo que pensa".

Devemos lembrar que o pensamento é uma arma cujo poder pode ser utilizado tanto para o bem como para o mal, de acordo com a intenção de seu manejador, que terá de assumir os bons e os maus resultados de seus atos.

Quem aspira à Iniciação deve ter sempre em mente que a recompensa que coroará todos os seus esforços é uma coroa de espinhos. Se não tiver um amor enorme pela humanidade, uma resistência intensa pelos sofrimentos e manter a vontade de amenizar os pecados da humanidade, não há nenhuma razão para pôr os pés na Senda da Iniciação porque sua meta se tornará pó e cinzas.

O objetivo e fim da Iniciação não são poderes mágicos nem experiências maravilhosas, mas apenas a aptidão de se oferecer em sacrifício pela melhoria da humanidade.

As regras da Senda não constituem um código escrito que exija total obediência, mas uma dedicação a um ideal que implique autodisciplina com o objetivo de alcançar esse ideal. Os que seguem a Senda vão aprendendo princípios espirituais que governam todas as coisas e que funcionam como leis cósmicas.

Não existem regras relativas à aplicação desses princípios às coisas da vida, cada estudante as aplica de acordo com as condições e circunstâncias, da melhor maneira possível.

A Alma tem de aprender que deve fazer o melhor que possa em prol da verdade e da justiça.

O aprimoramento da Alma acontece por etapas que obedecem a diferentes objetivos restritos a cada indivíduo, não sendo possível estabelecer um cronograma de fases que sirva para todos. Ensina-se um princípio, apresenta-se um ideal e cada membro segue a Senda de acordo com as circunstâncias em que se encontre.

A Preparação para a Iniciação

Após seu pedido ter sido aceito pela Loja, o Candidato passa a receber a denominação de postulante.

A Iniciação é uma ciência que conduz o ser ao conhecimento, ao domínio e à realização, que é a conquista da luz que ilumina a Senda.

Ela é permanente e se manifesta por meio de transformações constantes que ocorrem no universo interior, proporcionando a escalada a níveis de consciência superiores que promovem a elevação espiritual.

A Iniciação tem a vantagem de revelar certos conhecimentos que não poderíamos obter pela evolução natural. Por esta razão, torna-se indispensável preparar o Candidato para poder suportar a responsabilidade da posse dessas novas verdades, pois um conhecimento tão precioso em mentes inábeis pode ser a causa de danos irreparáveis. Daí a necessidade de conduzir o Candidato por meio de provas, pois penetrando num terreno cheio de ciladas deve estar preparado para caminhar são e salvo, transpondo com segurança o limiar do mistério.

O Candidato não conseguirá os conhecimentos superiores sem primeiro passar pelos graus de preparação, iluminação e Iniciação. Ele deve ser preparado para observar certa ordem de fenômenos, cuja percepção requer órgãos adequados, como olhos e ouvidos espirituais, que proporcionam obter uma noção mais exata das qualidades materiais dos corpos inanimados das plantas, dos animais e dos homens, vendo-os despidos de todas as aparências ilusórias. A partir desse ponto, deve iniciar o estudo da simbologia, pois tudo na natureza é símbolo, desde a erva daninha até a estrela, desde o verme até o homem.

Conhecer o significado e penetrar no sentido é o segredo dos segredos, que significa entender a linguagem do Universo.

A simbologia não é uma linguagem arbitrária nem artificial, mas a significação natural das coisas.

O estudante deve aprender a reconhecer os símbolos que correspondem a formas, cores, sons, etc., que formam a reunião de fenômenos que até então lhe pareciam isolados.

Mediante essa aquisição de conhecimento, o iniciado conhece novas normas de procedimento que não possuía anteriormente e o habilitam a pôr em prática ações que transcedem aos maiores feitos de pessoas não iniciadas, pois ele passa a operar nos Planos Superiores.

A prática dos estudos esotéricos exige certo isolamento, um retiro passageiro, porém o estudioso não deve de modo algum se retirar da sociedade na qual, por meio dos novos conhecimentos, pode fazer o bem aos Irmãos que necessitam ser amparados.

O isolamento completo resseca o coração e impede a influência do amor no ser humano, correspondendo à estagnação e à morte.

A preparação para a Iniciação deve começar pelo padrinho que, além de conduzir seu afilhado à Loja, deve prepará-lo para que não surjam problemas.

A chave da Iniciação se encontra na mente, mas nenhuma operação esotérica pode ser considerada perfeita se não passar pelo plano da matéria. Por esta razão, devemos considerar as condições físicas que podem prejudicar o ato, fazendo com que o postulante não aproveite e até prejudique a cerimônia. Dessa forma, o postulante não pode estar enfermo, exausto ou em estado febril, pois de acordo com as tradições esotéricas o primeiro requisito é uma mente sã num corpo são.

O padrinho deve recomendar ao afilhado que não consuma grandes quantidades de comida, principalmente gordurosa, não utilize bebidas alcoólicas de preferência 24 horas antes da cerimônia e se mantenha calmo, pois nada de ruim irá acontecer.

Algumas religiões e entidades utilizam bebidas alcoólicas ou alucinógenas em vários tipos de cerimônias. Este fato, em sua maioria, se relaciona com a comunicação com entidades espirituais ou com mortos; já na Iniciação maçônica, o iniciado se relaciona com ele mesmo.

O degrau entre a matéria e a mente se encontra nos subplanos etéricos da existência, e não podemos traçar uma linha divisória clara entre a matéria em seus estados densos e a matéria em seus estados etéricos. Os três subplanos etéricos mais densos estão associados ao calor, à luz, à eletricidade, e o Akasha ou Luz Astral dos antigos é o ponto de contato entre a mente e a matéria.

Toda forma manifestada possui certa quantidade de Akasha incorporada em sua própria substância, algumas mais outras menos. Em cada forma existe um campo elétrico de tensão magnética. Esse campo eletromagnético e uma parte de Luz Astral transmitem mensagens à mente.

Os cristais e os metais puros são os que contêm maior proporção de substância etérica na natureza inanimada; já as combinações de substâncias compostas possuem vários tipos de vibrações. Segundo os ocultistas, os cristais são as substâncias mais etéricas que existem no mundo físico.

Muitos estudiosos do esoterismo não consideram o cérebro como um veículo da mente, mas como um órgão sensível da coordenação motriz. Para eles, os veículos da mente são os sete Chacras, como são conhecidos no Oriente.

As glândulas endócrinas lançam suas secreções na corrente sanguínea, e devemos considerar que o sangue é a essência do ser humano. Se a composição química do sangue for alterada, a consciência também será, de acordo com os fenômenos da anestesia e da loucura. Assim, a consciência do iniciado não pode ser alterada e, em minha opinião, os Chacras devem ser limpos ou desobstruídos antes da Iniciação por meio da colocação de cristais, se possível na forma de pirâmides, nos pontos determinados ou pelo menos no Chacra coronário de acordo com o seguinte: no caso dos cristais em forma de pirâmide, um dos lados deve ser marcado com um ponto, ficando sempre voltado para o Norte, para que a peça seja carregada de energia sob a luz solar, sendo colocada nos Chacras por apenas alguns segundos. Também em minha opinião as roupas convencionais do dia a dia (terno, gravata, etc.), normalmente confeccionadas de materiais sintéticos e expostas a todo tipo de influências do mundo profano, não deveriam ser utilizadas na Iniciação, e sim uma túnica branca feita de algodão e chinelos ou sandálias de solado em couro.

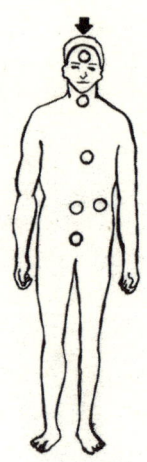

Chakra	Localização	Glândula	Área do corpo
Básico	Base da coluna	Suprarrenal	Coluna, vértebras, rins
Esplênico	Umbigo	Gônada	Sistema reprodutor
Plexo solar	Estômago	Pâncreas	Estômago, fígado, nervôs
Cardíaco	Peito	Timo	Coração, circulação
Laríngeo	Garganta	Tireoide	Garganta, pulmões
Frontal	Testa	Pineal	Cérebro inferior
Coronário alto da cabeça	Alto da cabeça	Pituitária	Cérebro superior

Devemos lembrar que nos rituais da antiguidade os candidatos eram purificados antes da Iniciação. Como este tipo de procedimento não consta dos rituais maçônicos, vamos continuar da forma convencional.

O Postulante deve ser conduzido à Loja por seu padrinho.

Na porta da Loja, o padrinho venda seus olhos e o entrega ao Irmão Experto, que coloca a mão em seu ombro e lhe diz: "Sou vosso guia, tende confiança em mim e nada receeis". Em seguida, dará várias voltas pelas instalações da Loja para criar na mente do Postulante uma sensação relacionada ao desconhecido. O estado de cegueira simboliza as trevas, pois o Postulante não recebeu a luz.

Os olhos vendados fazem com que outros sentidos sejam postos em alerta e não provocam a curiosidade que causa a distração. Além disso, ao ser conduzido, surge a sensação de confiança que é extremamente importante em uma fraternidade.

Após o trajeto, o Postulante é conduzido a um recinto adequado separado dos Irmãos presentes, onde são retirados todos os metais que possua (dinheiro, relógio, correntes, anéis, etc.). Como o Postulante morrerá para a vida profana, não existe a necessidade desses objetos, pois simbolicamente na futura vida os valores são outros. Em seguida, o Postulante deve ser despido do paletó e da gravata e sua camisa deve ser arrumada para que o lado esquerdo de seu peito fique nu.

A calça de sua perna direita deve ser suspensa até acima do joelho e seu pé direito deverá estar descalço.

A retirada de parte das vestes e ornamentos mostra que a virtude não necessita de ostentação e simboliza também o despir-se do ser antigo. A nudez nos mostra que nenhum ser nasce vestido, portanto, é um retorno ao estado primitivo.

Nos primórdios do Cristianismo, as roupas velhas eram retiradas no batismo e também do homem pecador: "Aquele que crê em Cristo deve vestir o novo homem" (Ef-4:24).

O lado esquerdo do peito nu indica que o lado do coração receberá o timbre sagrado que ligará o iniciado eternamente à Ordem, sendo também apoiado nessa região por um compasso por ocasião de seu juramento.

O joelho direito posto a nu demonstra os sentimentos de humildade (dobrar o joelho), já que esse joelho será o que irá tocar o solo no juramento e, nesse instante, receberá a descarga de todas as energias necessárias ao ato. Todas as partes do corpo do Postulante que foram despidas mantêm contato físico durante a cerimônia e simbolizam a nudez original, pois o profano ao ser iniciado receberá o avental maçônico que é a sua verdadeira vestimenta. A nudez do nascimento possui um significado muito importante, uma vez que além de todos os seres nascerem nus, no caso do ser Humano, essa situação nivela todas as classes sociais na mesma situação.

A Câmara de Reflexões

Após a preparação do Postulante, o Irmão Experto o introduz na Câmara de Reflexões onde, ao entrar, ele passa a receber a denominação de Recipiendário ou Aspirante, e o faz sentar. Após retirar a venda de seus olhos, lhe dirá: "Este local irá auxiliar-vos a meditar profundamente, assim eu vos deixo entregue às vossas reflexões. Não estareis só, pois Deus que tudo vê será testemunha de vossa sinceridade neste importante momento de vossa vida".

Após alguns minutos, o Irmão Experto apresenta ao Recipiendário o questionário e o testamento, e diz: "A associação a que desejais pertencer pede que respondais, sem restrições ou Reservas Mentais, às perguntas que vos apresento. De vossas respostas dependerá vossa admissão em seu seio. O tempo tem pouca importância. Meditai e pensai antes de cada resposta".

A expressão Reservas Mentais surgiu na Idade Média quando as pessoas consideradas hereges eram obrigadas a renunciar suas crenças e o faziam usando um ato mecânico do sentido da fala, que em sua mente era desmentido imediatamente.

A Câmara de Reflexões é um recinto pequeno com seu interior pintado de preto, iluminado por uma lamparina ou vela. Esse local simboliza o Centro da Terra, de onde viemos e para onde teremos de voltar. É um lugar de meditação que tem por objetivo ensinar que o homem deve morrer naquele lugar, a fim de sair de lá purificado pelo elemento Terra.

Acredita-se que este costume é originário do antigo Egito, onde o iniciado era deixado só, junto a múmias e imagens fúnebres para meditar sobre o passo que iria dar e no qual, se não obtivesse êxito, ficaria preso como escravo no Templo.

A Morte Iniciática

A arte de morrer pode ser resumida na frase latina: "Morte certa, hora incerta", pois o mais certo da vida é que temos de morrer, o mais incerto é quando morreremos. Os filósofos antigos opinavam que em razão da total incerteza quanto ao momento da morte, deveríamos estar sempre preparados para a sua chegada.

As culturas orientais consideram a morte como um aspecto integrante da vida. Esta ideia exerceu uma profunda influência sobre a religião, ritos, mitologia, arte e filosofia.

No Ocidente, o rápido progresso tecnológico ocasionado pela Revolução Industrial provocou um afastamento dos aspectos biológicos fundamentais da existência.

Atualmente, ocorreu um grande desenvolvimento no que diz respeito ao nascimento e à morte. Esse processo se manifestou por causa do aparecimento de estudos sobre a importância da experiência do nascimento e da morte, assim como mudanças revolucionárias verificadas na medicina com relação ao parto e ao tratamento de doentes considerados desenganados.

Não é por acaso que o desaparecimento de tabus relacionados ao nascimento e à morte tenha ocorrido com a redescoberta da espiritualidade. O avanço do conhecimento moderno torna mais claro que o nascimento, o sexo e a morte estão intimamente ligados, estando implantados no inconsciente coletivo.

As novas descobertas estão unindo sabedoria antiga com a ciência moderna, em que o estudo da consciência e do misticismo mostra que antigos conhecimentos que eram classificados como curiosidades obsoletas possuem uma grande transcendência na vida diária.

Outro fator importante é que muitos jovens passaram a se interessar por assuntos esotéricos, fazendo parte de grupos que buscam no passado explicações para situações atuais.

Muitas tradições abrigam a crença de que uma pessoa pode fazer algo mais para se preparar para a morte do que simplesmente conhecer seu processo.

Alguns documentos literários, como o *Livro dos Mortos*, oferecem um guia detalhado e preciso. Os mais famosos são o egípcio *Pert em Hru*, o tibetano *Bardo Thodol* e o europeu *Ars Moriena*.

Esses livros podem ser utilizados como manuais para a meditação ou para a Iniciação.

Algumas pessoas conseguem ultrapassar a barreira da morte experimentando estados de consciência alterados que permitem o encontro simbólico com a morte.

A experiência essencial da Iniciação, que produz uma categoria de morte simbólica, traz uma profunda conscientização sobre a temporalidade da existência biológica, facilitando a abertura espiritual que produz uma grande noção sobre a extraordinária natureza da consciência cósmica.

A Maçonaria não presta culto aos mortos, pois é fundamental que o maçom acredite em uma nova vida após a morte física. Por esta razão, os maçons não desaparecem, mas viajam para o Oriente Eterno.

As Trevas

Encontramos a simbologia da caverna ou gruta nos ritos de origem, de renascimento e de Iniciação de vários povos, cuja representação nos mostra um lugar de ignorância e sofrimento no qual somente a reflexão pode gerar pensamentos elevados para o alto, que é o único caminho a ser seguido em busca da verdade.

Na maioria das cerimônias de Iniciação, o Candidato é introduzido em um recinto fechado, geralmente escuro, simbolizando a morte para o mundo profano, ou retorno ao útero para renascer pela luz.

A caverna simboliza a busca do Eu Interior que habita as profundezas do inconsciente, onde o indivíduo tem a possibilidade de se tornar ele mesmo, formando uma nova personalidade em busca da espiritualidade.

É bem provável que Jesus Cristo tenha nascido em uma caverna, sendo nela sepultado durante a sua descida aos infernos e posterior ascensão ao Céu. Dessa forma, a descida aos infernos, ou o penetrar dentro de si próprio, é um estágio necessário ao novo nascimento, simbolizando o lado negativo e o lado positivo comum aos grandes símbolos.

Nas antigas tradições orientais, as trevas simbolizavam o caos de onde o mundo foi criado: "As trevas cobriam o abismo, representavam o lugar onde não existia luz nem vida, era o mundo dos mortos, um lugar de castigo" (Gênesis 1, 2).

"Onde haverá choro e ranger de dentes" (Mateus 8, 12).

Na comparação entre o claro e o escuro, o confronto representa o bem e o mal, no qual o escuro simboliza o mal. Mas por outro lado, a escuridão não foi interpretada apenas como uma ameaça, mas também como um lugar gerador de deuses, pois o princípio da humanidade foi revelado por Deus a partir das trevas.

Também a ressurreição de Cristo foi antes do amanhecer, sendo a liturgia da Páscoa celebrada à noite.

Na escuridão das iniciações maçônicas são revelados os segredos dos mistérios, por meio da verdadeira luz que não se resume em retirar a venda dos olhos do iniciado, mas no oferecimento da luz interna dos Irmãos participantes da cerimônia que, unidos, ajudam a criar uma nova esperança, que terá como objetivo eterno a manutenção e ampliação dos conhecimentos em prol da humanidade.

A Câmara de Reflexões deve ser o lugar onde o Recipiendário permanece antes de sua entrada no Templo. Ela simboliza o centro da Terra e precisa ser um ambiente silencioso. Nas suas paredes estão desenhados emblemas e inscrições com tinta branca para dar contraste com o preto das paredes.

Possui uma pequena mesa e um banco posicionados de forma que o Recipiendário, quando sentado, fique de costas para a porta.Sobre a mesa devem ser colocados ossos, uma imitação de crânio humano, uma bilha de água, pão, sal, enxofre, mercúrio, uma caneta e uma campainha.

V.I.T.R.I.O.L.

Na parede de frente à Câmara de Reflexões, acima da mesa, estará pintada com tinta branca a fórmula V.I.T.R.I.O.L., que são as iniciais de uma fórmula hermética utilizada pelos alquimistas e que, segundo alguns estudiosos, serviu como lema dos antigos Rosa-Cruzes, sendo atribuída a Basilio Valentim, um alquimista do século XV, cuja existência é posta em dúvida. Significa em grego Régulo Poderoso, denominação que os alquimistas davam a Mercúrio.

Existem dois textos com as respectivas traduções e um simbolismo idêntico. O primeiro, segundo Jean Sernier, é composto do seguinte trecho: *Visita Interiorem Terrai Retificando Invenies Operae*, cuja tradução é a seguinte: Desce às Entranhas da Terra; Destilando, Encontrarás a Pedra da Obra.

Já Kurt Seligman nos mostra o seguinte trecho: Visita Interiora Terrae Retificando Invenies Occultum Lapidem, cuja tradução é a seguinte: Explora o Interior da Terra; Retificando, Descobrirás a Pedra Oculta.

Para muitos estudiosos maçônicos, a fórmula se refere ao conhecimento interno, a uma busca antiga cujo exemplo marcante se encontra no frontispício do Templo de Apolo em Delfos: "Nascete Ipsum", ou seja, conhece-te a ti mesmo.

Existem várias interpretações da fórmula V.I.T.R.I.O.L.

A visita ao interior da Terra seria a permanência do Recipiendário na própria câmara. Retificando, é o ajuste ou reformulação da mente, e a Pedra Oculta, o desvendar dos segredos, um convite à busca mística do Ego profundo, a essência da Alma humana no silêncio e meditação, e o surgimento da Pedra Bruta a ser trabalhada.

Para muitos a Pedra Oculta é a Pedra do Sábio que pode se transformar em Pedra Filosofal. Outros traduzem filosoficamente da seguinte maneira: Visita o Teu Interior, Purificando-te, Encontrarás o Teu Oculto.

Acredito que seria proveitoso o retorno do iniciado à Câmara de Reflexões, após ter recebido algumas instruções, para que ele possa ter uma melhor compreensão dos ensinamentos iniciáticos.

O Galo

O galo é um símbolo que aparece em inúmeras tradições nos mais diferentes lugares da Terra. Na maioria das culturas antigas, ele aparece como uma espécie de criatura celestial e votiva ligada à ressurreição solar por meio do simbolismo do seu canto com a renovação espiritual, adotado pelas escolas esotéricas em suas doutrinas e pelas religiões em seus cultos.

Nas tradições esotéricas, o galo é o símbolo da vigilância e da perseverança por causa de sua mente sempre desperta. Na Alquimia representa o mercúrio filosófico, princípio segundo o qual a Alma da Obra despertava possibilitando sua transmutação.

O galo é o emblema da altivez em razão de sua postura semelhante a um símbolo solar. Seu canto anuncia o nascimento do Sol e, por esta razão, possui poderes contra as influências maléficas da noite.

Segundo vários estudiosos, a influência cultural asiática trazida pelas guerras dos persas introduziu essa ave no continente europeu. O andar ativo, a agressividade, o ardor sexual, a imagem brilhante, o colorido e o canto soberbo produziram uma grande rede de costumes e tradições.

Na Pérsia, matar um galo era pecado grave, ele era considerado uma ave sagrada com poderes oraculares. Os reis persas, segundo Aristófanes, tinham o hábito de pentear seus cabelos imitando a crista do galo.

Os chineses lhe dedicaram um de seus signos, descrevendo-o como símbolo de pontualidade, precisão, vigilância e dedicação inquebrantável.

No Japão, a mitologia xintoísta acreditava que o galo era o responsável pelo Sol que brilhava no reino de Yamato (antigo Japão). O culto xintoísta é um culto solar em que o Sol é o símbolo da Divindade ornamentando a bandeira japonesa. Na tradição do Xintoísmo, o canto do galo está associado à chamada para a oração.

Para os franceses, ele representa a luz e a inteligência anunciando o despertar. A própria palavra Gália, antigo nome da França, seria derivada de *gallus,* palavra latina que significa galo.

Em Portugal, a tradição está associada à lenda do Galo de Barcelos. Segundo a lenda, um habitante do burgo de Barcelos foi condenado à morte e alegava sua inocência, embora todos os indícios fossem contra ele. Então, ele viu um galo morto dentro de um cesto e disse ao juiz: "Se esse galo cantar, significa que sou inocente"; o galo cantou e ele foi absolvido. A lenda do Galo de Barcelos ganhou popularidade tornando-se um dos símbolos de Portugal.

O Cristianismo, tendo sido muito influenciado pelos cultos solares da Antiguidade, adotou o galo como símbolo do arauto anunciador da nova luz do mundo. Existe uma lenda a qual diz que a única vez que o galo cantou à meia-noite foi na noite do nascimento de Jesus. Por essa razão, a missa do galo rezada na passagem do dia 24 para 25 em dezembro, quando é comemorado o nascimento de Jesus, é conhecida como a missa da luz. Essa data também era celebrada pelos mitraístas como o dia do nascimento de Mitra.

Para os cristãos medievais, como os espíritos supostamente são mais ativos à noite, o canto do galo era tido como um sinal de alívio. Com o tempo, surgiu a crença de que quem se apropriasse da ave teria poderes de exorcismo, tornando-se ela um símbolo cristão de grande importância. Na maioria das torres e zimbórios das igrejas e telhados das casas comuns, havia a figura de um galo que servia de proteção contra o fogo, raios e granizo. Como eterno vigilante, temos o exemplo que envolve Pedro, o Apóstolo, na véspera da crucificação de Jesus. Assim como a águia e o cordeiro, o galo é um emblema de Cristo relacionado ao seu simbolismo solar na luz e na ressurreição, como também um símbolo da inteligência recebida de Deus.

Nas tradições antigas, o galo também era considerado um ser que nada temia, nem mesmo o leão, cujo simbolismo era semelhante ao do Sol, porém o galo conseguia olhar para o Sol de frente e o leão não.

Em virtude da sua capacidade procriadora, em alguns rituais nupciais e de colheita, ele simboliza a fertilidade.

Segundo as tradições helênicas, o galo é símbolo da luz nascente sendo um atributo de Apolo, o herói do dia que nasce. Pitágoras, em seus versos de ouro, recomenda: "Alimentai o galo e não o imoleis, porque ele é consagrado ao Sol e à Lua". Também para os gregos o galo simbolizava Alectraon, o sentinela celeste que avisava a chegada do Sol. Segundo a lenda Grega, Áries encarregava Alectraon para vigiar enquanto ele mantinha encontros com Afrodite, esposa de Hefaistos (Vulcano). Um dia, Alectraon adormeceu e os amantes foram pegos. Áries transformou o lacaio em galo e o condenou à eterna vigilância. O nome Alectraon significa galo em grego antigo. Também na mitologia o galo está associado a Helios, o deus do Sol, Apolo, Atenas, Hércules e Perséfone, como símbolo sagrado do Sol.

No Islã, o galo é venerado e o profeta dizia: "O galo branco é meu amigo. Ele é o inimigo do inimigo de Deus". Seu canto assinala a presença do Anjo. Atribui-se também ao profeta a proibição de maldizer o galo, pois ele convida à oração, e Maomé lhe teria conferido uma dimensão cósmica.

Na cultura dos povos africanos, o galo é tido como um colaborador do Deus Olurum. Ele foi mandado à Terra junto com seu filho Obatalá para organizar o caos primordial que nela havia.

Mas o sacrifício de galos foi e ainda é uma prática que perdura em vários cultos. Na Grécia antiga, era a oferenda a Asclepio (Esculário entre os romanos) para obter a cura dos doentes. No Extremo Oriente, existia a crença de que o sangue de um galo sacrificado à cabeceira de um doente e espargido sobre ele podia operar uma cura instantânea. No Ceilão, Escócia, Alemanha e Irlanda existem vários ritos de sacrifícios, amuletos e preparações de poções mantendo o galo associado a magias de cura.

Na Câmara de Reflexões ele significa o alvorecer de uma nova existência, em que o iniciado morre para a vida profana, renascendo para a vida maçônica.

Na Maçonaria, o galo é o símbolo da vigilância e da perseverança, no qual a vigilância da alma atenta percebe as trevas da noite que morre e a perseverança do espírito na busca do conhecimento; desperta e recebe os primeiros raios iniciáticos e o espírito renasce para uma nova existência.

As palavras vigilância e perseverança representam um emblema da Abóbada Celeste. Encontradas na Arca da Aliança, o Arco Íris da Bíblia, podem ser traduzidas por Velar Severamente. Elas mostram ao Recipiendário que ele deve estar sempre atento, recorrendo aos sentidos e procurando entender os símbolos, cujo trabalho depende de uma paciente perseverança.

A Parede à Esquerda da Câmara de Reflexões

Na parede, à esquerda da Câmara de Reflexões, temos a figura de um esqueleto humano ou uma caveira e duas tíbias. Na parte mais alta dessa parede, temos a frase: "Se tens medo, não vás adiante".

Do lado esquerdo do esqueleto ou da caveira com as duas tíbias, há uma ampulheta; do outro lado, um alfanje e acima a frase: "Se queres bem empregar a tua vida, pensa na morte".

O Esqueleto

O esqueleto humano simbolicamente é a personificação da morte, estando ligado a coisas tenebrosas. Quando analisamos pelo lado espiritual, ele não simboliza a morte no sentido definitivo, pode representar um alerta de que o ocupante recebeu uma nova forma de vida.

Os esqueletos possuem uma forma muito semelhante, como que mostrando que todos são iguais. O que varia entre os seres humanos é a carne que produz volume e forma, assim como o espírito que abandona o corpo na passagem para uma nova vida.

A carne apodrece e se decompõe, sobrando o esqueleto com seu sorriso e ar pensativo, representando o conhecimento de seu ocupante, que atravessou a fronteira do desconhecido na esperança de encontrar os segredos do além.

Em vários rituais iniciáticos, o esqueleto é utilizado para alertar sobre a brevidade da vida, assim como a necessidade de morrer para o mundo profano renascendo para uma nova vida.

Também na Alquimia, os esqueletos anunciam a ressurreição e o renascimento da matéria-prima em transformação após o enegrecimento (nigrado) e a putrefação (putrefactio).

Já o crânio é comparado simbolicamente à Abóbada Celeste, numa referência ao macrocosmo e ao microcosmo.

O crânio também é considerado em várias culturas como o recipiente material do espírito.

Toda a alegoria relacionada à morte envolve ossos e esqueletos, pois eles são os testemunhos de uma vida que se foi ou o resultado final da matéria.

A Ampulheta

Ampulheta é um antigo instrumento para medir o tempo. Ela simboliza o eterno trabalho do tempo que, relacionado ao ciclo humano, se interrompe pela morte.

A forma da ampulheta nos mostra, por meio de seus dois compartimentos, a analogia entre o acima e o abaixo.

Existe uma passagem do superior ao inferior, ou do celeste ao terrestre, que pode ser modificada pela inversão, o que representa uma imagem relacionada ao retorno.

Os dois vasos ou recipientes da ampulheta podem também corresponder ao Céu e à Terra, o estrangulamento no meio é a porta estreita no qual se manifesta a troca e o término do escoamento, determinando o fim de um desenvolvimento cíclico.

Os nossos dias na Terra são como a areia que escorre pelo filtro da ampulheta, e a quantidade de areia posta simbolicamente corresponde à medida de nossos dias de vida.

A ampulheta é um alerta ao Recipiendário para que não desperdice o tempo, pois ele não retorna; embora a ampulheta possa ser virada, passando a representar um novo ciclo de tempo, não conseguimos jamais recuperar o tempo perdido que avança consumindo nossos dias e nos colocando cada vez mais próximos do evento da morte.

Dessa maneira, toda arrogância não tem sentido, toda a vaidade se torna inútil, toda a riqueza é superflua e todo o poder de nada vale.

O Alfanje

O simbolismo do Ciclo da Vida sempre esteve relacionado aos simbolismos dos Ciclos Agrícolas, em que no passado a imagem da morte era representada pela foice. Esse instrumento iguala no ato do corte a era boa e a má, não havendo distinção entre o bom e o ruim, mostrando que a morte não seleciona, ela vem para todos.

A partir do século XIII, começou a surgir na iconografia ligada à morte a figura do alfanje ou foice de cabo longo, como era chamada na época. Ainda encontramos atualmente ilustrações que nos mostram personagens de idade avançada e esqueletos segurando alfanjes em atitudes relacionadas à morte. Em Alquimia, o alfanje é o símbolo da morte relacionado a Saturno.

Na Maçonaria, o alfanje está relacionado à reflexão que o Recipiendário deve ter sobre o aproveitamento do tempo e a morte inevitável que não poupa ninguém.

Nas Lojas maçônicas, encontramos o alfanje como ornamento representativo do cargo de Cobridor Externo, e no Banquete Ritualístico as facas são denominadas de alfanjes.

A Parede à Direita da Câmara de Reflexões

Na parede à direita da Câmara de Reflexões, estão pintadas as seguintes inscrições:
Se a curiosidade aqui te conduz, retira-te.
Se tens receio que descubram os teus defeitos,
não estarás bem entre nós. Não esperes
retirar qualquer proveito material da Maçonaria.
Se és apegado às distinções humanas, retira-te,
pois nós aqui não as reconhecemos. Se fores
dissimulado, serás descoberto. Somos pó e ao
pó retornaremos.

O lado direito sempre foi considerado puro. Essas inscrições, ao estarem escritas no lado direito, são um alerta sobre a seriedade do compromisso a ser assumido.

Os seres humanos durante a existência assumem inúmeros compromissos em diversas situações, mas este é diferente, pois existe um alerta bem claro que não pode ser ignorado, o compromisso acaba sendo com a própria pessoa.

A Mesa da Câmara de Reflexões

Como foi dito anteriormente, a mesa da Câmara de Reflexões deve ter: ossos, uma imitação de crânio humano, uma bilha de água, pão, sal, enxofre, mercúrio e uma campainha.

Em virtude de a decoração do local ser de inspiração fúnebre, alguns maçons chegam a interpretar que a mesa representa o Altar da morte.

Embora o Recipiendário se encontre na Câmara de Reflexões para morrer para a vida profana em busca da luz, a mesa não representa o Altar da morte.

Primeiro, temos de levar em consideração que os altares não possuem cadeiras e que o objetivo da Iniciação é uma nova vida.

Todos os detalhes da Câmara de Reflexões têm por objetivo despertar uma nova consciência por meio de símbolos e sinais de alerta. O que encontramos em altares relacionados à morte são os altares de sacrifícios para animais e seres humanos que foram utilizados em várias civilizações com o intuito de agradar aos deuses.

Na mesa da Câmara de Reflexões o importante é analisar os objetos em cima dela, que é o que faremos em seguida.

A Bilha de Água

A água, desde o começo do mundo, possui uma simbologia muito extensa. Ela é fonte da vida e meio de purificação interna e externa, funcionando como uma regeneração para o ser humano.

O *Rig Veda* exalta as águas que trazem a vida, força e pureza, tanto no plano espiritual como no corporal.

Na Ásia, além da origem da vida e purificação, simboliza pureza, fertilidade, graça e virtude. Nos textos hindus a água é a matéria-prima, tudo era água, da mesma forma o Sopro ou Espírito de Deus pairava sobre as águas no Gênesis.

A água se torna um símbolo da vida espiritual, Jesus em seu diálogo com a samaritana diz: "Aquele que beber da água que eu lhe darei não terá mais sede". Na Bíblia, a água é símbolo de vida no Antigo Testamento e símbolo do espírito no Novo Testamento.

A simbologia da água abriga a dualidade, ela pode dar vida mas também pode matar.

A água na Câmara de Reflexões simboliza para o Recipiendário a regeneração, a purificação interna e externa e a nova vida.

O Pão

O pão é o símbolo do alimento essencial, pois alimenta a carne e o espírito. Também simboliza a pureza, união e fraternidade. No antigo Egito, o pão era abençoado pelos sacerdotes para tornar-se sagrado, enquanto no *Livro dos Mortos*, o falecido esperava dos deuses o pão da vida.

Na Mesopotâmia, o deus celestial Anu possui o pão e a água da vida. No culto de Mitra, espigas de trigo e o pão eram símbolos da transformação para uma nova vida.

O pão aparece como celestial na Bíblia, João 6 – 32, 33, 35, nas palavras de Jesus: "Em verdade vos digo, não foi Moisés quem vos deu o pão do Céu; o verdadeiro pão do Céu é o meu Pai quem vos dá"; "Porque o pão de Deus é o que desce do Céu e dá vida ao mundo"; "Eu sou o pão da vida; o que vem a mim, jamais terá fome; o que crê em mim, jamais terá sede". A importância do pão e da água fica evidenciada no sentido esotérico das palavras do Divino Mestre.

Assim como a água, o pão possui uma simbologia muito extensa. Acredito não ser necessária a sua divulgação, pois o importante é que o pão e a água trazem a vida, a força e a pureza, tanto no plano material como no espiritual.

O Enxofre

O enxofre, do latim *sulphur*, é o princípio ativo da Alquimia, aquele que age sobre o mercúrio inerte e o fecunda ou mata. O enxofre corresponde ao fogo e o mercúrio à água.

Segundo uma tradição esotérica, o enxofre simboliza o sopro ígneo e designa o esperma mineral, sendo associado ao princípio ativo, além de produzir a luz ou a cor.

A ação do enxofre sobre o mercúrio o mata, e ao transmutá-lo produz o cinabre ou cinábrio, que se supõe ser uma droga da imortalidade. O consumo de cinabre é conhecido na China, na Índia e na Europa, possuindo um simbolismo relativo à regeneração.

O Sal

O sal é ao mesmo tempo conservador dos alimentos e destruidor, pela corrosão. Por esta razão, seu simbolismo se aplica à lei das transmutações físicas e à lei das transmutações morais e espirituais.

A virtude purificadora e protetora do sal está presente em várias partes do mundo, em cerimônias de coletas e rituais, onde são depositados em pequenos montes na entrada das casas, à beira dos poços e em cerimônias funerárias, pois segundo várias crenças ele tem o poder de purificar lugares e objetos. Ele também, como alimento, é o condimento essencial e fisiologicamente necessário, é evocado na liturgia batismal como símbolo da sabedoria e como alimento espiritual.

Por causa de suas propriedades de conservação, está associado às ideias de força vital e defesa contra os demônios, estando presente em vários cultos de nascimento, matrimônio, além do culto aos mortos.

O sal é considerado um símbolo de aliança entre o homem e Deus (Lv-2, 13) e um símbolo de forças espirituais quando os apóstolos são chamados de "sal da terra" (Mt-5, 13).

Para os gregos, hebreus e árabes, o sal é o símbolo da amizade e hospitalidade, pois é compartilhado, sendo também da palavra dada, porque seu sabor é indestrutível.

O Mercúrio

O mercúrio, do latim *mercurius*, é a força vital dos corpos, pela qual eles crescem e vegetam, é o corpo astral deles ou sua porção úmida que lhes fornece o elemento necessário ao crescimento.

Segundo algumas tradições ocidentais, o mercúrio é a semente feminina e o enxofre a masculina, sua união subterrânea produz os metais. A ciência do mercúrio é considerada uma ciência de regeneração interior. Ele tem o poder de purificar e fixar o ouro, sendo considerado um alimento da imortalidade, um símbolo de libertação.

Separar e unir é o grande processo do Universo. O ser humano é formado de corpo, mente e espírito; o sal, o enxofre e o mercúrio são seus símbolos. Os corpos dos mortos ao se dissolverem tornam-se partículas dos corpos dos vivos, a chama e fumaça do enxofre simbolizam os bons e maus pensamentos. É difícil dividir o mercúrio em porções; estas permanecem unidas umas nas outras, pois o espírito é indivisível.

Para os hermetistas, os três princípios, enxofre, sal e mercúrio, encontram-se em todos os corpos. Na madeira verde queimada o vapor é o mercúrio, no óleo inflamável o enxofre e nas cinzas o sal.

Em sua relação com o Ovo Cósmico, ou princípio do início da vida, o mercúrio era a clara, o enxofre a gema e o sal a casca ou invólucro.

O mercúrio é representado pelo galo, atributo de Hermes, símbolo da vigilância e perseverança ou aquele que anuncia a luz que o iniciado irá receber.

O enxofre é considerado um princípio masculino, o mercúrio feminino e o sal um princípio neutro.

A Grande Obra

Nas obras dos filhos de Hermes (alquimistas), encontramos o relato do combate entre duas naturezas, em que uma é chamada de fixa e a outra de volátil, correspondendo ao mercúrio e ao enxofre respectivamente. Na arte de Hermes, a prioridade se concentra no mercúrio que é quem precede o desenrolar do processo em seu papel de fêmea e de mãe, sendo considerada a verdadeira matéria ou "vaso" da obra.

Para os alquimistas, em primeiro lugar mercúrio representa aquele que sem repouso voava de um lugar para outro como mensageiro dos deuses do Olimpo, era o protetor dos viajantes e dos comerciantes, psicopombo no reino de Plutão, para onde conduzia os mortos e podia resgatá-los.

A operação que os mestres recomendam vem com um grande conselho, "Fac Fixum Volatile", que pode ser lido como "Faça fixo o volátil", como também "Faça volátil o fixo", ou seja, não se poderia fixar um sem volatizar o outro ou corporificar o espírito sem espiritualizar o corpo. Essa operação recebeu o nome de conversão dos elementos. O objetivo dessa conversão é a aquisição do mercúrio filosófico.

A operação do mercúrio filosófico necessita do conhecimento do segredo dos segredos, "secretum secretorum", que não foi revelado e provavelmente jamais o será.

Assim como o mercúrio corresponde àquele que caminha ou o caminho, o enxofre pode ser considerado o que anima o viajante. Desta forma, o enxofre é concebido como o Deus, é o animador da Grande Obra, comparado à energia formadora, comparável ao Espírito Divino.

Enquanto o simbolismo do mercúrio evoca a volatidade do ar e a passividade das águas, o enxofre leva consigo a frigidez da terra e a atividade do fogo, com base nas lendas associadas às coisas da terra, em cujo centro existe o reino do fogo.

A maioria dos povos conserva a convicção de que nos primeiros tempos a terra era recoberta pelo mar, e podemos encontrar esse fato em Gênesis, onde a terra seca surgiu no terceiro dia da criação depois de a Divindade ter separado as águas e de fazer entre elas um firmamento (Céus), dividindo as águas de cima das águas de baixo. A aparição do lugar seco deu origem às sementes, e a imagem de semente está associada ao simbolismo do enxofre. Desta forma, toda a arte se resume em descobrir a semente enxofre ou caroço metálico e lançá-la em uma terra específica ou mercúrio e, depois, submeter esses elementos ao fogo de acordo com o regime de quatro temperaturas crescentes que constituem as quatro estações da Obra.

Os adeptos deram à sua arte o nome de agricultura celeste, pois se trata do cultivo em terra apropriada da semente de origem celeste.

Todos devem saber qual o grão que deve ser lançado na terra propícia e conhecer o tempo correto da semeadura.

Os químicos concebem o sal como matéria substancial dos corpos de que o enxofre é a forma. Mas há outro tipo de sal central, princípio radical de todas as coisas, que é o primeiro corpo de que se reveste o espírito universal e que contém em si os outros princípios, sendo chamado por muitos de sal hermético, pois acredita-se que foi Hermes quem falou dele pela primeira vez. Mas podemos chamá-lo de sal hermafrodita, já que participa de todas as naturezas, sendo indiferente a tudo.

Participando de todas as naturezas, esse princípio essencial das coisas constitui a manifestação sensível da reunião das duas naturezas que os alquimistas denominam de fixa e de volátil, mas que na realidade em nenhum momento estiveram separadas uma da outra. Da mesma forma que em nenhuma parte do Universo se poderia conceber espírito que não estivesse revestido de algum tipo de matéria, assim também não há matéria que não contenha espírito. Não há mercúrio que não transporte seu enxofre nem enxofre que não esteja banhado em seu mercúrio. De acordo com a Alquimia, é conveniente que se considere a composição dos seres dos três reinos de forma dinâmica e não estática, visto que sua fase de apoio é denominada "formal ou mercurial" e sua fase de suspensão "luminosa ou sulfurosa", embora o equilíbrio salino do conjunto seja "sem cessar" mantido por meio de desequilíbrios compensados.

Na Alquimia, são mencionadas três cores principais que durante o trabalho se sucedem: o negro, o branco e o vermelho. Este aspecto tem sido descrito pelos adeptos quando se referem às fases coloridas da terceira obra, durante a qual partindo do negro ou "Reino de Saturno" é obtida a pedra branca que constitui o "Reino da Lua" e depois a vermelha, "Reino do Sol". Os alquimistas afirmam que essas três fases também se encontram na mística por meio dos momentos de abertura da Alma em direção a Deus.

Na Câmara de Reflexões, prevalece o negro ou "Reino de Saturno" considerado pelos astrólogos como o planeta maléfico, sendo lento e pesado, estando associado ao chumbo. Sua luz triste e fraca evoca as tristezas e provações da vida, e sua alegoria é representada pelos traços fúnebres de um esqueleto movendo um alfanje, símbolos presentes na Câmara de Reflexões.

O chumbo simboliza o peso e a individualidade incorruptível. Para a transmutação do chumbo em ouro, os alquimistas buscavam simbolicamente se desprender das limitações individuais para atingir os valores coletivos universais. O chumbo simbolizava a matéria impregnada de força espiritual e a possibilidade de transmutação das propriedades de um corpo para outro. Ele simboliza a base modesta de onde pode partir uma evolução ascendente.

Após permanecer na Câmara de Reflexões, o Recipiendário entra no Templo ainda com os olhos vendados onde passa para o Reino da Lua e, após várias provas e juramentos, atinge o Reino do Sol ou, para os maçons, a verdadeira luz.
Está é a Grande Obra Maçônica.

O Testamento

A palavra testamento significa um ato personalíssimo unilateral e solene pelo qual alguém, com a observância da lei, dispõe total ou parcialmente de seu patrimônio depois de sua morte.

No aspecto religioso, encontramos a palavra testamento designando as duas partes que compõem a Bíblia: o Antigo Testamento, que significa um pacto estabelecido por Deus com o povo de Israel por intermédio de Moisés e, o segundo, o Novo Testamento, um pacto de Deus com a humanidade por meio de seu filho Jesus Cristo.

Embora esta parte do Ritual Maçônico seja conhecida como testamento no papel entregue ao Recipiendário, existem perguntas que basicamente são as seguintes:

Que deve o homem a Deus?
Que deve o homem a si mesmo?
Que deve o homem a seus semelhantes?

Algumas Potências Maçônicas acrescentam outras perguntas relativas à pátria e à família, além do destino dos bens.

Testamento também significa testar ou testemunhar, do latim *testari*. Desta forma, o Recipiendário deve testemunhar por escrito suas concepções filosóficas e por meio de suas verdades contrai uma obrigação para com os Irmãos da Ordem.

O testamento filosófico se assemelha ao ato executado pelos moribundos, em que o Recipiendário se prepara para morrer para o mundo profano, renascendo na vida iniciática que o conduz à verdadeira luz.

Após recolher o testamento do Recipiendário, o Irmão Experto espeta o documento na ponta de sua espada, levando ao Irmão Orador dentro do Templo, para que seja lido a todos os presentes. Após a leitura, estando todos os Irmãos satisfeitos com as respostas, o Venerável pede ao Irmão Experto que busque o Recipiendário e pede que todos permaneçam no mais absoluto silêncio, aguardando o momento da entrada.

O Silêncio

O silêncio é considerado uma disciplina iniciática que fazia parte dos mistérios da Antiguidade e permanece em todas as sociedades esotéricas e fraternais.

O silêncio não é apenas uma disciplina que molda o caráter, é o meio pelo qual o iniciado pode assimilar o conteúdo dos augustos mistérios.

Como estado consciente, o calar simboliza um sinal de respeito, independentemente de qualquer manifestação de luto, concentração ou meditação.

Pelo silêncio o ser humano pode escutar os seus mais íntimos pensamentos tendo acesso a poderes transcendentais, pois o silêncio é sagrado e possui poderes que a fala não pode alcançar.

O desrespeito ao silêncio pode trazer consequências nefastas, pois já dizia o ditado popular: "Em boca fechada não entram moscas".

Também nos antigos cultos romanos existia a advertência "cuidai da língua" (*favete linguis*).

Na maioria dos cultos existem partes reservadas ao profundo silêncio para que os homens encontrem Deus em seus corações. No serviço religioso dos Quakers (*silent worship*), o silêncio é fundamental, nas Ordens Monásticas (Trapistas, Cartuchos) existe um sentido de reconhecimento voltado à purificação das paixões e, no Budismo, a finalidade é a superação dos desejos.

A língua é uma arma poderosa, pois por meio da utilização das palavras pode condenar ou salvar pessoas, por esta razão a fala representa um ato de extrema responsabilidade que não deve ser utilizado de forma incorreta.

Ao ser utilizada, a fala emite sons que possuem uma diversidade enorme de vibrações. Dependendo do assunto e do momento, a fala pode ir desde o sussurro ao berro, mas o silêncio é realizado de uma única maneira independentemente da raça, do credo ou da posição social, o que o torna único e o liga a Deus.

O período de aprendizado é dedicado ao silêncio e à meditação, em que o Aprendiz não deve tomar a palavra senão a convite do Venerável. O próprio sinal de ordem indica que ele deve dominar a fala.

Ouvir é uma virtude e, quando não está presente na consciência do Aprendiz, dificulta o entendimento interior e até sua compreensão literária.

O silêncio, acionando a compreensão, desenvolve a tolerância, uma das principais virtudes do maçom.

O silêncio está ligado ao pensamento consciente dominado pela razão, representando o tempo Divino anterior ao momento da criação.

Nas reuniões maçônicas, o silêncio deve ser mantido não como imposição dos rituais ou por força de disposições regulamentares, mas por vontade própria dos participantes, que dessa maneira elevam seu comportamento à condição de virtude, transformando o ambiente num recinto de espiritualidade.

Nos Templos existem inúmeros espaços, formas e dimensões que só podem ser vistos por meio do silêncio, pois ele consegue interpretar a simbologia mística oculta, propiciando o desenvolvimento do espírito e acalmando a matéria.

A Entrada no Templo

Chegando à porta do Templo com o Recipiendário de olhos vendados, o Irmão Experto bate a porta sendo questionado do porquê de levar um profano à Loja, e ele responde que é porque ele é livre e de bons costumes.

Livre e de bons costumes é a condição exigida para que o profano possa ser iniciado na Maçonaria.

Com relação a ser livre, na Idade Média existiam escravos que não eram donos de si mesmos, e as corporações de ofício antiga Maçonaria Operativa não podiam aceitar quem não tivesse nascido livre.

Após a escravidão ser abolida, a expressão nascido livre foi substituída por homem livre, que representa o cidadão em pleno gozo de seus direitos civis. Porém, a liberdade exigida não se restringe apenas a esta situação, é necessário que o profano seja livre de preconceitos, superstições, maledicências, pessimismo, inveja e outras condições que escravizem o ser, assim como dos resultados produzidos por jogos, bebidas, drogas e outros vícios que deturpam a mente humana, transformando o ser em um escravo.

Na Maçonaria a liberdade é representada por meio do livre-arbítrio, uma dádiva que permite a liberdade de escolha inclusive entre o bem e o mal, entre o certo e o errado, e até permite que a criatura não acredite no Criador.

A liberdade trava uma batalha sem fim que envolve os impulsos, as paixões, os desejos e os interesses, com as ideias da razão e da moral. Essa situação exige uma disciplina para o corpo, para a mente e para a alma (espírito).

Porém, a liberdade cultivada na Maçonaria não permite que o maçom deixe de cumprir suas obrigações, nem possua restrições mentais de cunho político e religioso.

Com relação aos bons costumes, a Maçonaria sempre proclamou sua filosofia baseada nos usos e costumes que não se limitam a comportamentos de ordem moral e social, mas a um conjunto de procedimentos que elevam o homem à vida espiritual, representados por respeito, sinceridade, honestidade, lealdade, igualdade e fraternidade

A admissão de um novo membro em uma sociedade iniciática é uma atitude que envolve grande responsabilidade. Na Maçonaria essa responsabilidade é ainda maior em razão de ela permitir a entrada de pessoas de todas as raças, classes sociais, crenças religiosas e opiniões políticas. Por esta razão, as exigências e obrigações devem ser cumpridas de forma correta para que não existam dúvidas com relação ao novo integrante da Ordem.

A Prova da Terra

De acordo com as cosmogonias tradicionais, a terra é um dos quatro elementos (terra, ar, água e fogo).

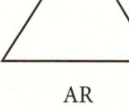

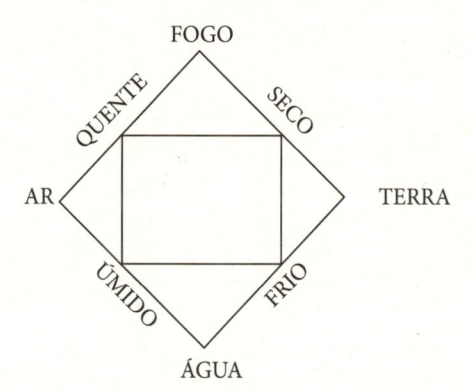

| FOGO | AR | ÁGUA | TERRA |

Esses elementos foram formados da simbologia baseada na análise do imaginário, em que cada elemento conduz a uma outra realidade.

Hipócrates, médico grego, formulou a ligação dos elementos com relação aos humores do corpo humano, ou como ficou conhecido, os quatro temperamentos:
- Sanguis-sangue – relacionado ao ar.
- Melancholia-fel – relacionado à terra.
- Cholera-bílis – relacionado ao fogo.
- Phlegma-muco – relacionado à água.

A prova da terra representada pela Câmara de Reflexões simboliza a caverna ou gruta que, no início das civilizações, eram os locais onde os habitantes da época procuravam abrigo. Em algumas cavernas da Europa, foram encontradas pinturas rupestres em lugares de difícil acesso onde, para chegar, era necessário usar cordas ou algum tipo de escada. Vários arqueólogos chegaram à conclusão de que nesses locais eram realizadas cerimônias iniciáticas ou ritos de passagem.

Vários povos adotaram a caverna ou gruta como um simbolismo de Iniciação e renascimento em virtude de representar o lado escuro do mundo, lugar onde prevalecem a ignorância e o sofrimento. Para muitas crenças é o local onde habita o Eu interior que corresponde às profundezas do inconsciente, um lugar propício para a regeneração e nascimento espiritual. É o local onde o indivíduo tem a possibilidade de se tornar ele mesmo, adquirindo uma nova personalidade que o possibilita a busca da realidade divina.

A Prova Física

O Venerável, após receber a confirmação do Recipiendário de que ele deseja passar por outras provas de coragem, informa-lhe que além de ele ter de lutar contra seus próprios defeitos, terá de combater outros inimigos da humanidade que abusam da confiança dos povos. Tendo recebido a resposta afirmativa, pede ao Irmão Terrível que o leve para fora do Templo e o conduza pelos caminhos escabrosos onde passam os temerários que desejam conhecer os mistérios. Após o Recipiendário dar algumas voltas, sempre com os olhos vendados, retorna ao Templo para passar por uma prova física na qual, amparado por Irmãos, sobe por uma tábua que está em cima de um rolete e acaba descendo de forma abrupta, sem efetivamente ter noção do que aconteceu.

Esta parte da cerimônia não é muito comentada, mas contém um significado muito importante na Iniciação.

Sabemos que na Antiguidade os candidatos que se aventuravam nas provas iniciáticas passavam por situações em que corriam o risco de morrer. Atualmente, as provas são mais simbólicas do que físicas, mas esta prova produz uma sensação física desagradável na qual a continuidade nos mostra algo muito significativo.

O Venerável alerta que somente por meio dos perigos e das dificuldades se pode alcançar a Iniciação, e que embora a Maçonaria não seja uma religião, tem uma crença num princípio criador ao qual denomina de Grande Arquiteto do Universo. Nenhum maçom se empenha em qualquer empresa sem primeiro invocar o seu auxílio, assim o Recipiendário é conduzido à mesa do Irmão Primeiro Vigilante, onde deve se ajoelhar com os dois joelhos para tomar parte na oração que será realizada em seu favor ao Senhor dos Mundos e autor de todas as coisas.

Estando todos os Irmãos em pé e à Ordem, o Venerável profere uma oração em que reconhece o poder do Grande Arquiteto do Universo, pede a proteção a todos rogando também que o Candidato seja amparado nos perigos que vai passar.

Todos os presentes respondem: "Assim seja".

Em seguida, o Venerável pergunta ao Recipiendário em quem ele deposita confiança nos extremos lances da vida.

Dada a resposta, o Venerável diz: "Pois se confiais em Deus levantai-vos e segui com passos seguros vosso guia e nada receeis".

Embora a Maçonaria não se considere uma religião, ela somente aceita em seus quadros pessoas que acreditem em um

Criador Supremo e na vida após a morte, e em nome de todas as religiões aceitas denomina esse Criador de Grande Arquiteto do Universo.

A importância das religiões no Mundo é um fato notório. Quase todas elas formaram um pensamento regido por princípios morais, filosóficos e místicos.

Por meio de suas diferentes crenças e práticas, as religiões desenvolveram sistemas culturais com o objetivo de unir as pessoas.

Embora tenham exercido influências benéficas, também foram e continuam sendo responsáveis por disputas sangrentas, fruto do fanatismo e da intolerância, coisas que a Maçonaria combate.

A oração feita em favor do Recipiendário é única e nos mostra o reconhecimento da importância religiosa no desenvolvimento humano.

O esquecimento acompanha os momentos bons, os quais costumamos não agradecer, assim como temos o hábito de pedir e não de ofertar.

O iniciado que teve a possibilidade de conseguir ensinamentos valiosos deve saber que não existe algo mais importante que o Criador de Tudo e que seu trabalho deve ser sempre em favor da humanidade, pois todos os filhos do Criador são nossos irmãos.

Os Pensamentos

O Recipiendário é colocado entre colunas, e o Venerável pergunta: "Senhor, antes que esta Assembleia consinta em admitir-vos as provas, devo sondar vosso coração esperando que respondais com sinceridade e franqueza, pois vossas respostas não nos ofenderão. Que ideias, que pensamentos vos ocorreram quando estáveis no lugar sombrio de meditação, onde vos pediram que escrevêsseis a vossa última vontade?"

Esta parte da cerimônia é revestida de muita emoção, pois é um dos momentos que exige muita sinceridade e por meio do qual os presentes poderão avaliar as qualidades de quem está sendo iniciado.

Os pensamentos não são coisas fáceis de analisar.

A complexidade da mente humana envolve milhares de fatores ocorridos na vida que variam entre as pessoas como uma impressão digital que se torna única, o que faz com que cada um reaja de maneira diferente a uma mesma situação.

Existem reações extremas que podem provocar riso para uns e terror outros, tudo depende de cada indivíduo e do momento em que o fato ocorre.

A preparação e o aprendizado são coisas muito distintas.

A preparação é o que recebemos e o aprendizado é o que conseguimos assimilar, o que nos mostra na prática que uma mesma preparação pode produzir aprendizados diferentes.

Também existem fatores mentais os quais possibilitam que pessoas aprendam determinados assuntos melhor que outras, porém uma coisa é certa: a boa preparação é um fator primordial para um bom aprendizado.

Atualmente, a Iniciação não tem por objetivo levar o medo e o terror aos candidatos, pois o mundo atual já é aterrorizante; o importante é conhecer quem estamos consentindo que viva em nosso meio.

Os pensamentos devem estar ligados ao maior de todos os objetivos: conhecermos a nós mesmos.

Esse objetivo começa com a descoberta das forças internas que nós possuímos e não sabemos. A partir de nossa coragem, buscamos a Iniciação para que por meio dela e dos futuros conhecimentos que iremos receber possamos desenvolver nossos pensamentos.

Precisamos aprender a domar nossas próprias forças e conduzir com consciência nosso corpo que a Divindade nos deu, a fim de que cheguemos aos nossos objetivos sem sofrer danos.

Temos de ter em mente que o caminho é árduo e sempre devemos reaprender a encontrar a própria sombra, resolvendo o enigma da nossa busca.

No encontro com o Umbral temos de abrir os olhos para o outro lado da vida denominado mundo do além, para que possamos entender o todo, a circulação eterna.

Temos de nos tornar humildes e estabelecer novas exigências da alma que nos farão cair de joelhos diante de Deus, para que ele nos mostre o caminho correto.

Assim como os egípcios faziam no passado, temos de pesar nossa consciência, fazendo uma análise e verificando se nossa pretensão não está elevada demais, diante de nossas ações, pois temos de entender que nossa parte humana ainda não representa o Divino, embora Ele viva dentro de nós.

Temos de adquirir forças que nos tragam coragem para que possamos nos convencer de que podemos vencer tudo de ruim que possa nos acontecer.

Os caminhos dos pensamentos devem ser os da crença, da compreensão, da experiência do subconsciente e do amor.

O Princípio Criador

Após a resposta do Recipiendário sobre seus pensamentos quando estava na Câmara de Reflexões, o Venerável pergunta: "Credes em um Princípio Criador?"

Essa é a segunda vez durante o cerimonial que o Venerável pergunta sobre a existência da Divindade.

Respondida a pergunta, o Venerável afirma que a crença em um Princípio Criador não é um patrimônio exclusivo do filósofo e do maçom, até mesmo o selvagem que habita a natureza, diante de tanto esplendor, foi levado a admitir a existência do Criador.

Essa explicação vai ao encontro do pensamento cabalista que concluiu que o ser humano não possui a capacidade de compreender o que aconteceu antes da criação e como Deus foi criado. Por esta razão, foi criada a figura de Ain Soph que representa o Criador Incriado.

Embora exista o magnífico espetáculo celestial representado pelo Universo, e a exuberante e complexa vida das espécies (mineral, vegetal, animal e humana) com características diferentes, há o Universo interior.

Durante o seu desenvolvimento, o homem tem conseguido compreender algumas características físicas da Grande Obra, tanto no que existe acima como no que existe abaixo, mas não conseguiu esclarecer a finalidade e o destino de todas as coisas, muito menos entender o que existe de divino dentro do ser humano.

A hora presente sempre foi para o mundo o momento da transformação. Uma época se acaba e uma nova se anuncia, e as forças do passado se fundem ao presente para dar lugar a outras ainda vagas e confusas, que acabam se concretizando no dia a dia.

Várias civilizações que passaram pelo mundo tiveram seu início, brilharam e suas luzes se apagaram, no entanto, o homem não entendeu e continua não entendendo até onde o destino o leva.

Como não consegue elucidar o mistério, procura desenvolver novas coisas materiais e cada vez se afasta mais das coisas do espírito.

O ser humano não consegue entender que seu objetivo máximo deveria ser o de encontrar a ideia primordial, o início de tudo, a fonte da felicidade, da saúde, da força, a fonte de onde emanam todas as verdades, todos os princípios e todos os sentimentos.

O homem guarda no íntimo de seu ser segredos valiosíssimos, dos quais seu pensamento não toma conhecimento, pois sua mente vive ocupada com os objetivos materiais.

O ser humano não consegue evoluir em todos os sentidos, porque não consegue realizar uma observação atenta dentro de si mesmo.

A felicidade está dentro de nós, quando conseguimos um perfeito domínio da mente, na paz de uma vida tranquila, no cumprimento do dever para com nossos semelhantes, mesmo no meio das condições adversas do mundo.

Durante todo o período de existência da humanidade, o ser humano conseguiu criar uma infinidade de coisas. Essas coisas apareceram por meio de ideias que surgiram dentro do seu ser, mas a cada criação que agradou sua vida material, acabou afastando o desejo de averiguar as necessidades de sua parte espiritual.

O ser humano não deve caminhar em busca do fim, mas do começo, e raciocinar que se ele consegue criar tantas coisas, talvez o Princípio Criador esteja dentro de si esperando ser descoberto.

A Virtude

Em seguida, o Venerável pergunta ao Recipiendário o que ele entende por virtude.

Virtude é uma palavra de origem latina, *virtudem, virtus*, no sentido de vir de dentro do ser humano.

A virtude é constituída por forças internas que alimentam o caráter e levam o ser humano a práticas voltadas para o bem, quer como indivíduo, como espécie, pessoal ou coletivamente.

Existem várias virtudes que podem ser classificadas da seguinte forma:

- As que tendem para a honestidade são consideradas morais.
- As que tendem para a verdade são consideradas intelectuais.

A virtude se forma por meio da repetição de atos da mesma espécie, constituindo um exercício perseverante que se transforma em hábito representando uma atividade pessoal e constante, que se concentra em duas condições: o conhecimento do dever e a vontade de praticá-lo.

Tradições antigas consideravam que a moral se resumia em quatro virtudes denominadas Cardeais, do latim *cardinalis*, de cardo, gonzo, dobradiça, no sentido de algo que gira. Essas virtudes eram denominadas: Coragem, Sabedoria, Justiça e Temperança, que foram modificadas para:

- Prudência – que é a razão para discernir em qualquer circunstância o verdadeiro bem, escolhendo as maneiras justas para o atingir.
- Justiça – que é a vontade de proporcionar aos outros o que lhes é devido.
- Fortaleza – que é a firmeza nas dificuldades e constância na procura do bem.
- Temperança – que assegura o domínio da vontade sobre os instintos.

Além das virtudes Cardeais, a Maçonaria reconhece e adota as três virtudes Teologais: Fé, Esperança e Caridade, que se encontram na escada do Quadro de Aprendiz, conhecida como escada de Jacó, cujos emblemas são a Cruz, a Âncora e o Cálice.

Teologal vem do grego *théos*, Deus, e *logos*, amor racional, sabedoria, conhecimento.

Acredita-se que ela provém de Deus sendo recebida como um dom divino.

Na ética religiosa são chamadas teologais, porque não são produto de um hábito, não sendo adquiridas pelo próprio esforço, não sendo um produto da prática, porque o ser humano pode praticar a caridade sem tê-la no coração, pode demonstrar uma crença firme sem alentá-la em seu âmago e pode tentar relevar uma esperança que não possui.

As virtudes teológicas se fundem às faculdades do homem para que ele possa participar da natureza divina, pois elas se referem diretamente a Deus e são colocadas por Ele na Alma dos fiéis para que sejam capazes de agir como seus filhos, merecendo a vida eterna.

Na Igreja Católica, a partir de antigas tradições místicas, a teologia cristã distingue as virtudes sobrenaturais das virtudes humanas consideradas morais.

A virtude sobrenatural é uma qualidade de Deus infundida na pessoa humana com a graça santificante, o que proporciona a capacidade de viver em relação íntima com a Santíssima Trindade.

Para a maioria dos religiosos, o cumprimento das regras estabelecidas nos dez mandamentos não constitui uma virtude e sim uma obrigação, pois são regras que estabelecem normas para o convívio humano.

O Vício

Após uma pausa, o Venerável pergunta ao Recipiendário o que é o vício.

O vício é tudo que avilta o homem e o arrasta para o mal.

A maioria dos vícios são criações humanas não existentes na natureza ou atitudes de caráter que assumem grandes proporções.

Na viagem pela vida há muitos caminhos e, no decorrer dos anos, são muitos os que se atolam nos lamaçais ou caem nos precipícios.

Levantar-se depois de uma queda só é possível quando se consegue entender a realidade.

Para não nos perdermos é necessário saber para onde devemos ir e, de preferência, devemos ter um guia.

De uma forma geral, o ser humano nunca pensa na meta ou na finalidade da vida.

A vida representa a plenitude de todas as atividades orgânicas e mentais de nosso corpo e só conseguimos atingir a finalidade da vida quando não reduzimos, atrofiamos ou pervertemos nossas atividades.

Para conseguir alcançar seu destino, não é necessário ser um sábio ou possuir uma inteligência privilegiada.

É claro que em determinados momentos de nossa vida precisamos de conselhos, mas cabe a nós desenvolver e disciplinar as atividades intelectuais e afetivas que representam a essência da personalidade e lembrarmos sempre que da prudência de nossas escolhas depende o nosso destino espiritual. Também nesse delicado trabalho é necessário que o ser humano encontre a si mesmo.

Esse encontro qualquer pessoa pode experimentar, independentemente de suas atividades normais. Basta durante alguns minutos na vida diária impor silêncio aos ruídos do mundo, voltar-se para dentro de si mesmo, pedir ajuda Divina, reconhecer seus erros e traçar novas metas de conduta.

É difícil descobrir o caminho que vai dar no interior de nosso ser, mas quando se é iniciado, encontramos a calma que se estende até a origem das coisas e, pouco a pouco, a obscuridade é percorrida pela luz que caminha no meio do silêncio.

A mente é o poder criador do ser humano, mas deve estar sempre em comunhão com o Eu superior e nunca se afastar dele, o que acaba ocorrendo quando enfraquecemos nossos ideais e nos entregamos aos vícios que se aproveitam de nossos erros para estabelecer as conquistas ilusórias representadas pelo mal.

O poder do pensamento deve se desenvolver paralelamente ao crescimento moral.

Pôr a mente a serviço do próprio ego é abrir caminho para o surgimento da intuição, é encontrar a si mesmo e conhecer realmente o que o ser humano representa.

À medida que o conhecimento material avança, surgem novos vícios que passam a ocupar os espaços dos vícios anteriores.

O trabalho da Maçonaria é fortalecer as ideias sólidas e cheias de virtude. Esse é sem dúvida um trabalho penoso, mas quem aspira à Iniciação tem de refletir bem, pois terá que se sujeitar a ele com grande satisfação.

A Taça Sagrada

A Taça Sagrada é apresentada ao Recipiendário para que seja feito um juramento e, caso ele seja perjuro, a doçura da bebida se transformará em amargor como um sutil veneno.

1. O Irmão Experto (sacrificador dos perjuros) coloca a Taça na mão direita do Recipiendário (que continua com os olhos vendados), segurando-a também com sua mão direita sobreposta à dele. A Taça nesse instante conterá uma bebida doce.

2. Mantendo sua mão sobre a dele, faz com que o Recipiendário leve a Taça à boca e beba todo o seu conteúdo.

3. Nesse instante o Irmão Experto colocará um líquido amargo (Quássia), que representa o gole que teria ficado, fazendo o Recipiendário beber o restante.

Nesse momento, todos no Templo fazem um "OH" denotando profundo desapontamento.

O Venerável, em tom irritado, diz: "Que Vejo? Altera-se vosso semblante? Vossa consciência desmentiria vossas palavras de sinceridade? A doçura dessa bebida mudar-se-ia em amargor? Irmão Experto, retirai o profano".

O Irmão Experto abraça o profano e o conduz de maneira rápida até entre colunas, quando o Venerável diz: "Não quero crer que tenhais o intuito de enganar-nos, entretanto ainda podeis vos retirar.

Bebeste da Taça Sagrada da boa e má sorte que é a taça da vida humana. Consentimos que provásseis a doçura e ao mesmo tempo o amargor. Isso vos lembrará que o maçom deve gozar os prazeres da vida com moderação, não fazendo ostentação do bem que fluir, desde que vá ofender o infortúnio".

Praticamente desde o começo do mundo existem muitas lendas relatando Taças Sagradas, tanto no sentido histórico, como religioso e esotérico.

Segundo pesquisadores maçônicos, a adoção da Taça Sagrada na Iniciação maçônica teria sido baseada na obra denominada *Quadro da vida humana*, de autoria de Cebes, filósofo grego discípulo de Sócrates.

Ele nos relata que muitas pessoas candidatas à conquista da vida e sua maior duração ouviram diante de uma porta os ensinamentos de um ancião a respeito da conduta e modo de proceder em suas exigências. Em seguida, a porta era aberta e elas entravam num recinto onde uma linda mulher estava sentada no trono da hipocrisia e vaidade empunhando uma grande taça contendo uma bebida que não se acabava, porém nunca oferecia aos candidatos, os mais afoitos iludidos bebiam grandes goles e os precavidos apenas provavam.

Passado algum tempo, era oferecido a eles pão e água e, então, eram submetidos às provas dos quatro elementos (ar, terra, água e fogo). Após o amargor das provas submetidas, eles experimentavam os dissabores da Taça da Vida.

Temos a lenda do Santo Graal, a qual relata que a taça que foi utilizada por Jesus Cristo na última ceia foi a mesma em que José de Arimateia recolheu o sangue que vertia de suas chagas na crucificação. Segundo a lenda, essa taça era feita de uma esmeralda e possuía propriedades maravilhosas. Levada a Bretanha por José de Arimateia, ela se perdeu, dando início a uma busca sem fim.

Segundo o escritor Antonio Gadal, o Graal foi o segredo mais misterioso da Idade Média e sua origem se perde nos tempos. O Santo Cálice passa de boca em boca, e viaja por várias tradições. É o caldeirão mágico dos Druidas Celtas, aparece na Pérsia, ressurge entre os primeiros cristãos gnósticos e os maniqueus. É encontrado no País de Gales (Gladstonbury), em Fecamas e em Bruges, no Reno e nos Pirineus, no norte da Espanha.

Antonio Gadal também nos relata a Iniciação de um sacerdote cátaro. Conduzido pelo ancião, o Candidato chegava ao lugar sagrado de sua ordenação ou reformação.

Na gruta iluminada, ele era acolhido pelos seus Irmãos e recebia uma oração que deveria orientar dali para frente todos os atos de sua vida. O momento supremo dessa cerimônia consistia em tomar lugar no interior do Pentagrama, a fim de selar em si o novo homem quíntuplo.

Liberto de toda materialidade pela oferenda de si mesmo, ele entrava no sacerdócio cátaro. Percebia a realidade do Santo Graal, a grande oferenda de amor, fonte inesgotável de força. Ele devia beber o interior dessa Taça. Totalmente purificado se tornava um dos perfeitos, não mais o Osíris Verde (associado à vegetação), simples buscador da luz, mas o Osíris Negro (associado ao submundo das regiões celestes), unido ao filho por sua missão, reintegrado ao seio do pai pela Alma-Espírito.

Outra lenda relatada por ele nos fala de Maria Madalena, que teria levado a Taça Santa aos taruscos que se estabeleceram às margens do Ródano, próximo a Marselha, e lá se instalou em uma Gruta Santa onde inumeráveis fiéis vinham procurar cura e recuperar as forças.

Para alguns estudiosos, o simbolismo do Graal vai ao encontro da imortalidade e do conhecimento que podem ser obtidos mediante o renascimento iniciático por meio da morte do nosso estado presente.

O simbolismo do Graal é constantemente mantido pelos Cálices Eucarísticos que contêm o corpo e o sangue de Cristo.

O vaso alquímico e o vaso hermético são os lugares onde as maravilhas se operam, o seio materno, o útero no qual se forma um novo nascimento, o local que contém o segredo das metamorfoses.

A taça também simboliza a união e a receptividade, pois qualquer líquido nela se amolda.

Na Índia, o cálice simboliza o seio materno que alimenta o recém-nascido.

A Primeira Viagem

Após perguntar ao Recipiendário se ele persiste em conquistar um lugar entre os maçons, e receber a resposta positiva, o Venerável instrui o Irmão Terrível a acompanhar o Recipiendário em sua Primeira Viagem.

Para muitos estudiosos, as três viagens maçônicas indicam os lugares onde os que buscavam o conhecimento na Antiguidade se dirigiam; esses lugares eram: a Pérsia, a Fenícia e o Egito.

As viagens na Maçonaria são provas físicas que simbolizam também as viagens realizadas na Antiguidade durante as cerimônias dos Grandes Mistérios, quando os candidatos percorriam subterrâneos escuros cheios de perigos reais com a finalidade de provar sua coragem.

Para muitos, a vida é uma viagem e o mundo é uma nave.

Podemos viajar pelo cosmos, pela superfície da terra, pelas profundezas dos mares, pelo pensamento e pelo espírito.

A vida é um eterno movimento e o ser humano está constantemente viajando e, mesmo que não movimente o corpo, a mente se movimenta.

Como a mente pode nos conduzir a qualquer parte, existe uma grande preocupação nos ensinamentos maçônicos com relação ao tipo de conhecimento e sua utilização, pois a mente pode nos conduzir ao passado, presente e futuro em uma mínima fração de tempo, podendo levar ensinamentos corretos ou incorretos que podem se acumular na memória, trazendo transtornos irreparáveis.

Na Iniciação maçônica a mente viaja mais que o corpo, pois ela não possui os olhos vendados, podendo raciocinar na tentativa de penetrar no desconhecido. Esse caráter misterioso e emblemático envolve toda a simbologia maçônica que procura fazer com que o conhecimento seja compreendido por meio da visão intelectual, uma visão que utiliza vários olhos como os do conhecimento, do esforço e do amor. A visão intelectual acompanha o Candidato mesmo após sua passagem para o Oriente Eterno.

As viagens maçônicas iniciam-se entre colunas, seguem pelo Norte, passando entre a grade do Oriente e o Altar dos Juramentos, encaminhando-se para os respectivos tronos. Na Primeira Viagem, o Irmão Experto conduz o Recipiendário pela mão esquerda percorrendo vagarosamente o caminho. Durante a viagem o silêncio é quebrado por sons que imitam trovões, simbolizando o caos. O caos representa o vazio primordial anterior à criação, época em que a ordem não havia sido imposta aos elementos do mundo.

Na cosmogonia egípcia, o caos é a potência do mundo não ordenado que envolve a criação ordenada. O nome dado ao caos primitivo acredita-se ser Nun, pai dos deuses do Sol, dos homens e de todas as coisas, concebido como água original da qual sairia o próprio Ré, deus que é maior e mais poderoso que seu criador.

Na tradição chinesa, o caos é o espaço homogêneo anterior à divisão em quatro horizontes que equivale ao princípio do mundo ou à possibilidade de orientação, base de toda organização do caos.

Modernamente, o caos simboliza para muitos a falta de conhecimento humano com relação ao mistério da existência.

O Recipiendário, após ter passado pela gruta e ter nascido de novo, se encontra com a mente confusa e sua ideias representam o caos do início do mundo. As viagens acompanhadas simbolizam o ser humano recém-nascido que deve ser amparado e receber seu aprendizado.

Após terminar a viagem, o Irmão Primeiro Vigilante esclarece que a Primeira Viagem representa o segundo elemento, o Ar, símbolo da vitalidade, emblema das paixões, dificuldades, ódios, traições e desgraças que ferem o homem virtuoso.

Simboliza a família, em que a criança incapaz necessita de amparo dos pais, da sociedade na qual a inteligência de um pequeno grupo conduz massas ignorantes e os povos mais desenvolvidos conduzem os atrasados. Um símbolo mais elevado são os mundos infinitos em números, com pesos incalculáveis, girando por meio do éter universal a velocidades vertiginosas e sujeitos a leis físicas imutáveis.

A expressão simbólica de vossa cegueira, gerando a necessidade de um guia, representa o domínio que vosso espírito esclarecido por nossos ensinamentos deve exercer sobre os sentimentos profanos. A elevação e espiritualização de vossos sentimentos farão retirar a venda da Alma, não sendo mais necessário um guia, pois encontrareis o que viestes pedir a Luz.

A Prova do Ar

O ar é considerado um símbolo sagrado em várias religiões. Muitos rituais religiosos são realizados utilizando um símbolo desse elemento, seja em forma de incenso ou simplesmente uma pena.

No esoterismo da natureza os espíritos são chamados elementais e o ar é representado pelos Silfos, as Sílfides, as Fadas, os Elfos, a Hárpia, a Serpente do Mar e até os Anjos.

O ar, segundo as cosmogonias tradicionais, é um dos quatro elementos, assim como o fogo é um elemento ativo, masculino, sendo considerado um símbolo de espiritualização.

No hermetismo, o ar era símbolo das qualidades quente e úmido e intermediário entre fogo e água.

O ar está relacionado com a respiração criativa da vida, com a palavra criadora, com o vento, com o espaço e com o sentido do olfato. Ele representa a ligação de todos os seres que respiram o mesmo ar.

Como elemento primordial, representa o início de todas as realizações humanas, estando ligado às ideias e ao pensamento, simbolizando o éter do microcosmo.

Como elemento divino, está associado ao sopro de Deus que deu vida a Adão.

O elemento ar é simbolicamente associado ao vento, representando o mundo sutil intermediário entre o Céu e a Terra que os chineses denominam mundo da expansão insuflado pelo sopro de *Ki*, que mantém a subsistência dos seres.

Na mitologia hindu *Yayu* é o sopro vital, o sopro cósmico que se identifica com o verbo.

No esoterismo ismaelita, o ar é o princípio da composição, da frutificação intermediária entre o fogo e a água.

A Segunda Viagem

Na Segunda Viagem, o caminho é mais plano e ouve-se o tinir descompassado de espadas que cessam quando o Recipiendário chega ao trono do Irmão Primeiro Vigilante que, colocando o Malhete em seu peito, pergunta: "Quem vem lá?" O Irmão Experto responde: "É um profano que, pretendendo nascer de novo, quer iniciar-se maçom". "E como pôde ele conceber tal esperança?", pergunta o Irmão Primeiro Vigilante. "Porque quer instrui-se e aperfeiçoar-se; e estando nas trevas, deseja a luz", responde o Irmão Experto. "Se assim é, seja purificado pela água", responde o Irmão Primeiro Vigilante.

Embora o Recipiendário tenha passado pela prova da Terra, quando teve a oportunidade de morrer para o mundo profano nascendo em uma nova condição, e tenha passado pela prova do Ar quando seus pensamentos se encontravam desorganizados, simbolizando o caos, na Segunda Viagem ele ouve o tinir de espadas, que cessam quando chega ao trono do Irmão Primeiro Vigilante.

O entrechocar de armas brancas em combate simboliza as dificuldades e lutas que o Recipiendário deverá enfrentar para vencer as paixões formando uma nova consciência.

Além dos conflitos internos, existem os relacionamentos com pessoas de outras religiões e crenças políticas, em que deve existir a tolerância.

O tinir das espadas cessa quando ele chega ao trono do Irmão Primeiro Vigilante e, desta forma, é protegido dos perigos interiores e exteriores conseguindo continuar seu caminho amparado pela solidariedade humana, pois ainda não consegue ver.

Esta viagem também representa as lutas que todos devem travar contra os vícios do mundo profano em prol da felicidade humana.

A purificação pela água na verdade é um batismo simbólico, pois a água astrologicamente se relaciona com a Alma e as religiões.

A Prova da Água

Nas religiões o batismo é feito pela água, simbolizando a purificação, o perdão dos pecados e a instalação do espírito.

Os maometanos lavam os pés, rosto e mãos antes de entrarem nas mesquitas. Os cristãos católicos romanos se benzem na entrada das igrejas molhando as pontas dos dedos da mão direita em um recipiente que contém água benta, fazendo em seguida o sinal da cruz.

Encontramos também a Água Lustral considerada sagrada e utilizada nas purificações, que consiste em uma água na qual é apagado um tição aceso retirado do fogo do sacrifício.

Textos hindus consideram a água (*Prakriti*) a matéria-prima, tudo era água: Bramanda, o ovo do mundo, é chocado na superfície das águas.

Tanto no Judaísmo como no Islamismo os mortos são banhados, simbolizando a passagem para uma nova vida eterna e espiritual.

A água é um elemento frio e úmido, em analogia com a noite e o inverno. É líquida, incolor, inodora e insípida, sendo essencial à vida. Existe em três estados: gasoso, líquido e sólido, estando presente em todos os alimentos, e constitui a maior parte do corpo humano.

O simbolismo da água é muito complexo: ela representa a infinidade dos possíveis contendo o virtual, o informal, o germe dos germes, as promessas de desenvolvimento e até as ameaças de reabsorção.

Podemos encontrar na água três significados simbólicos predominantes: fonte da vida, veículo de purificação e centro de regeneração.

A água se relaciona com a Lua, pois ambas são símbolos de vida, morte e renascimento; ao contrário do fogo que se eleva, a água se espalha simbolizando o repouso.

A água é simbolicamente feminina e tem como elementais: Ondinas, Fadas, Ninfas, Sereias, Hidra, etc., sendo considerada a mãe da vida, pois foi nesse meio (útero) que a vida nasceu.

Como matéria, embora seja considerada criadora, também pode destruir, e assim como é cristalina, limpa, pura e calma, pode ser estagnada, poluída, suja e transmissora de doenças.

Em vários livros sagrados existe uma quantidade enorme de referências à água, e assim como encontramos um simbolismo que a transforma em fonte fecundadora da terra e seus habitantes, encontramos também como fonte de fecundação da Alma.

Embora na Maçonaria a cerimônia de purificação pela água seja realizada apenas com as mãos, não deixa de ser um batismo, pois várias religiões executam o batismo de diversas formas. O que deve ficar claro é que o batismo na Maçonaria é uma purificação para que o ser humano que está sendo iniciado possa enfrentar sua nova vida.

O batismo como instalação do espírito faz com que exista um ajuste interior entre o corpo, a mente e o espírito, que é o objetivo principal de uma Iniciação.

A Terceira Viagem

Esta viagem obedece às mesmas formalidades anteriores, em que o Recipiendário percorre o mesmo caminho que desta vez estará livre de quaisquer obstáculos. No Templo será ouvida música suave e lenta que cessa quando o Recipiendário chega ao trono do Venerável. Este, colocando o Malhete em seu peito, pergunta: "Quem vem lá?" "É um profano que aspira a ser nosso Irmão e amigo", responde o Irmão Experto. "E como pôde ele conceber tal esperança?", pergunta o Venerável. "Porque presta culto à virtude e, detestando a ociosidade, promete contribuir com seu trabalho para a liberdade, igualdade e fraternidade social e porque, estando nas trevas, deseja a luz", esclarece o Irmão Experto. O Venerável então diz: "Pois que assim é, passe pelas chamas do Fogo Sagrado, para que de profano nada lhe reste".

O Irmão Experto conduz o Recipiendário ao Altar dos Perfumes onde ele é incensado por três vezes; em seguida, leva-o até a pira onde deve passar a mão por três vezes sobre as chamas do Fogo Sagrado. Terminado este ato é conduzido para entre colunas.

O Venerável diz: "As chamas que vos envolveram simbolizam o Batismo de Purificação. Purificado pela água, o fogo eliminou as nódoas do vício, estais simbolicamente limpo".

Nesta parte da cerimônia, o Venerável utiliza o termo Batismo de Purificação, pois na verdade é o termo correto.

O batismo significa um Rito de Passagem, uma iluminação e um compromisso de lealdade.

É a porta de entrada na qual a purificação o iguala aos demais.

Embora possa parecer um exagero de minha parte, acredito que assim como em algumas religiões as pessoas se lavam para participar do culto, na Maçonaria seria interessante que os Irmãos lavassem as mãos antes de entrarem no Templo, pois isto representaria uma purificação e elevação da Egrégora.

Ao levar o Recipiendário para ser incensado, é realizada uma cerimônia tão rápida e simples que passam despercebidos seus objetivos.

A origem do incenso é remota e desconhecida, mas já era conhecida no Antigo Testamento.

Além de sua característica de harmonizar os ambientes deixando-os com cheiro de limpeza, o incenso possui um simbolismo de ofertar (o que agrada os homens agrada os deuses), ligado ao sentido de elevação aos Céus.

O incenso está conectado ao elemento Ar, que é um agente de equilíbrio entre o fogo e a água. Por outro lado, as ervas utilizadas no incenso provêm da terra e, desta forma temos a reunião simbólica dos quatro elementos.

A tarefa do incenso é mudar a qualidade energética, igualando e acalmando as pessoas, com o intuito de preparar o ambiente para determinada tarefa, que neste caso é a purificação.

Mas existe algo de mais profundo no ato da oferenda de incenso dos Reis Magos ao menino Jesus; eles o estavam recebendo para o mundo e nós estamos recebendo o Recipiendário também para o mundo.

A Prova do Fogo

O fogo simboliza o princípio ativo, puro, vital, reprodutor, criador, purificador, produtor de luz e calor. É o símbolo de poderes criadores e destruidores da vida; suas labaredas voltadas para o alto indicam sua origem celeste.

No hermetismo o fogo possui as qualidades quente e seca, correspondentes ao meio-dia, verão, cor vermelha e sabor ardente.

O fogo representa a Coluna do Sul, ligada ao Sol do meio-dia, enquanto a água representa a coluna do Norte, o setentrião escuro regido pela Lua.

Em razão da importância do fogo na Pré-história, cuja descoberta e domínio propiciou a evolução do ser humano, ele passou a ser adorado e considerado sagrado.

Os povos antigos conservavam o fogo em seus Templos. Entre os persas e os árias, era objeto de adoração, e na Pérsia, diz a lenda, que Zoroastro conhecia a fórmula de um fogo líquido semelhante à água que não queimava, sendo considerado Vida Divina.

Os romanos rendiam culto a Vesta, deusa do fogo, considerando seu apagamento como um presságio funesto.

A doutrina hindu possui vários aspectos ligados ao simbolismo do fogo representados por Agni, Inara e Surya, que são os fogos dos mundos terrestre, intermediário e celeste, ou fogo comum, raio e Sol.

Buda substitui o fogo sacrificial pelo fogo interior, que representa ao mesmo tempo o conhecimento penetrante, a iluminação e a destruição do invólucro.

Os *Upanixades* asseguram que queimar pelo lado de fora não é queimar, resultando dessa crença o símbolo da Kundalini ardente na ioga, Hinou e o fogo interior no tantrismo tibetano.

Existem muitos ritos de purificação pelo fogo em culturas agrárias, em que após as queimadas a natureza se revigora em um manto verdejante.

Embora possua um aspecto destruidor, o fogo purifica o ambiente contaminado por doenças.

Alguns ritos crematórios consideram o fogo um veículo ou mensageiro entre o mundo dos vivos e o dos mortos.

Além de o fogo ser utilizado na Iniciação maçônica, em seus Templos existe o fogo sagrado representado pelas chamas do Altar dos Juramentos, o Sol, a espada flamejante e a Estrela Flamejante.

Quando o Venerável diz que o Recipiendário deve passar pelas chamas do fogo sagrado para que de profano nada lhe reste, refere-se ao fogo consumir a materialidade.

O Batismo de Sangue

O Venerável diz ao Recipiendário: "Antes porém de serdes iniciado em nossos mistérios, deveis passar pelo batismo de sangue. Se vos sentis cheio de valor, para sacrificardes pelo serviço da Pátria, da Ordem e da Humanidade, com o risco da própria vida, deveis selar a vossa profissão de fé, com vosso sangue! Estais dispostos a isso?" Após a resposta positiva, o Venerável continua: "A vossa resignação nos basta! O batismo de sangue não é um símbolo de purificação, é o batismo do heroísmo e da dedicação do soldado e do mártir. Vosso valor e vossa dedicação já vos dão direito a serdes recebido entre nós".

O sangue é considerado o veículo da vida e visto como princípio da geração. Ele simboliza todos os valores relacionados ao fogo e ao Sol por meio do calor e da vida. Também se relaciona ao que é belo, nobre, generoso e elevado, participando da simbologia do vermelho.

Embora em tradições antigas o sangue possuísse poderes de purificação, o batismo era realizado com sangue de animais. Quando era utilizado sangue humano, o culto se tornava um sacrifício aos deuses, sendo realizado de diversas formas que correspondiam a inúmeros motivos, normalmente baseados em crenças religiosas.

Na Maçonaria, esta parte da cerimônia tem por objetivo verificar se o Recipiendário tem o firme propósito de passar por todas as provas para ingressar na Ordem.

Para muitos, o batismo de sangue na Maçonaria simboliza os laços de irmandade (irmãos de sangue), mas na verdade ser irmão de sangue não basta, é necessário ser irmão de fé.

No final, o Venerável afirma que o valor e a dedicação do Recipiendário já lhe dá o direito de ser recebido na Ordem.

O batismo de sangue representa a última prova da Iniciação.

O Juramento Maçônico

A partir desse momento da Iniciação maçônica, o Recipiendário passa a ser chamado de Neófito.

O Venerável, dirigindo-se ao Neófito, diz: "Deveis, como final de vossa Iniciação, prestar uma promessa solene; esta só deve ser prestada livremente. Por isso, ouvi com atenção a fórmula desse juramento, que não é incompatível com quaisquer deveres morais, cívicos ou religiosos. Porém, se notardes alguma coisa, que seja contrária a vossa consciência, o que não cremos, declara-a com franqueza. Prestai atenção e refleti bem antes de decidirdes."

O juramento maçônico é publico, feito dentro do Templo diante dos presentes em voz alta. Ele estabelece um compromisso entre quem o presta e quem recebe, impondo laços e obrigações para toda a vida.

A fórmula do juramento é clara e engloba deveres para com a Ordem em geral e seus membros, para com a Potência Maçônica e suas Autoridades e para com a Loja e seus Dignitários, Oficiais e membros.

O juramento maçônico não é um juramento comum, ele é algo antigo e sagrado, prestado sobre o Livro da Lei, no Altar dos Juramentos, obedecendo à postura de joelhos e tendo os olhos vendados.

No juramento maçônico quem jura não é o profano, é quem está sendo iniciado, em quem os Irmãos depositaram sua confiança, após ele ter passado por todas as provas.

Embora existam muitos tipos de juramentos e pactos, o juramento maçônico tem um lado esotérico admirável, pois estabelece de fato um vínculo permanente em todos os sentidos.

Na Iniciação, na elevação e na exaltação maçônicas, existem juramentos e, em cada um deles, temos o sinal de Ordem correspondente ao Grau que, na verdade, é o resumo do juramento. Desta forma, em cada momento que o maçom tiver que ficar na ordem, estará reafirmando o juramento.

A Verdadeira Luz

Estando as luzes do Templo apagadas, o Venerável pergunta: "Irmão Primeiro Vigilante, sobre o que se apoia uma das colunas deste Templo, agora que a coragem e a perseverança deste Candidato fizeram-no sair vitorioso do disputado combate entre o homem profano e o Homem Maçom, que pedis em seu favor?" O Irmão Primeiro Vigilante responde: "Luz, Venerável".

O Venerável continua: "No princípio do mundo disse o Grande Arquiteto do Universo: Faça-se a luz", e bate com o Malhete no trono. Os Irmãos Vigilantes também batem seus Malhetes nos tronos.

O Venerável diz: "E a luz foi feita", e bate novamente o Malhete no trono e os Irmãos Vigilantes fazem o mesmo. O Venerável diz: "Que a luz seja dada", e novamente todos batem os Malhetes nos tronos. Nesse instante, apagam-se todas as luzes do Templo e o Irmão Mestre de Cerimônias desvenda vagarosamente os olhos do Neófito; a luz reaparece no Templo ouvindo-se música suave.

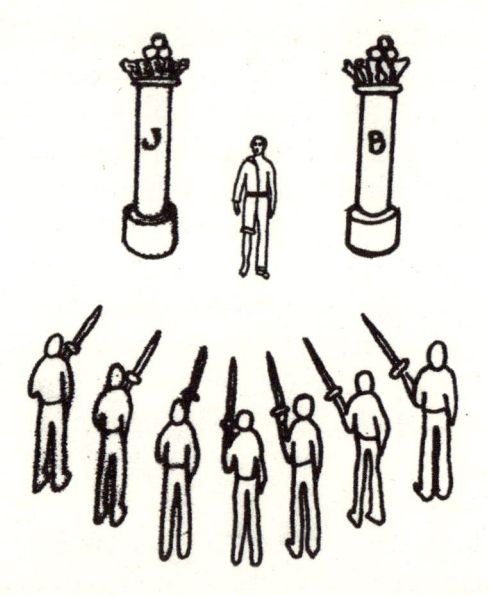

Estando o Neófito desvendado, o Venerável diz: "*Sic Transit Glória Mundi*", que significa "Assim passa a glória do mundo".

Estas palavras são tiradas da obra *Imitação de Cristo*, livro I, cap. 3, pronunciadas três vezes nas cerimônias de posse dos Papas, para lembrar a brevidade das pompas deste mundo, e são repetidas na Maçonaria, para advertir os futuros maçons.

A luz sempre foi considerada na maioria das religiões como a manifestação da Divindade. Na Iniciação maçônica, a luz se relaciona com o início do mundo relatado na Bíblia quando Deus disse: "Haja luz" – e houve –, e viu Deus que era boa a luz, fazendo a separação entre a luz e as trevas (Gênesis I: 3, 4).

Para a Maçonaria a luz representa a verdade e o conhecimento, os maçons são chamados de "Filhos da Luz".

A luz na Iniciação maçônica significa a iluminação da mente, cujo objetivo é a compreensão da vida.

Nas tradições antigas, a luz procedia das trevas e o Sol era filho da noite. Para a Maçonaria, a luz simboliza a verdade e as trevas (*tenebrae*), o símbolo da Iniciação, de onde surgiu a *Lux ex Tenebris* ou a luz saída das trevas, que representa um dos significados da Iniciação.

Ao receber a luz na Iniciação maçônica, o profano recebe a iluminação interior que possibilita por meio de seu esforço pessoal encontrar a relação que une o homem a Deus.

Embora em todos os tipos de Iniciação as explicações estejam sempre relacionadas à iluminação que o profano recebe, há algo que deve ser analisado com maior profundidade. Todos os seres humanos possuem uma chama interna representada pelo Criador que habita seu espírito. Quando alguém é convidado a participar de uma entidade esotérica, sua luminosidade se acende e ele se transforma em um ser predestinado, que por suas qualidades se tornou apto a oferecer sua luz interior e receber a luz iniciática.

Também não é apenas o profano iniciado que recebe a luz, na verdade todos os participantes de uma Iniciação são beneficiados por uma nova renovação da solenidade sagrada, e a entidade que promoveu a Iniciação acaba recebendo mais um ser iluminado, fato de grande importância na continuidade dos trabalhos.

O Reconhecimento

Após o Neófito ter passado pelas provas, feito o juramento e recebido a Verdadeira Luz, ele se encontra como um Templo Vivo pronto para receber a sagração.

A sagração é realizada pelo Venerável, que utiliza no ato a Espada Flamígera, a qual possui a lâmina ondulada como uma língua de fogo. Ao ser empunhada com a mão esquerda, transforma-se num instrumento de transmissão iniciática e, ao atingir o Neófito com três golpes de Malhete feitos com a mão direita, lado ativo, transmite o poder criador do Espírito Divino.

Após a Sagração, o Neófito é conduzido para fora do Templo, para se recompor e entrar pela primeira vez ritualisticamente sem venda nos olhos. Nesse momento, o Venerável pede que todos fiquem de pé e à ordem. Em seguida, bate com o Malhete no trono e diz: "Proclamo, pela primeira vez, o Irmão como Aprendiz Maçom e membro ativo desta Augusta e Respeitável Loja, sob os auspícios da Potência Maçônica correspondente. Convido a todos os Irmãos a reconhecerem-no como tal e lhe prestarem auxílio e socorro em todas as ocasiões em que ele necessitar".

Os Irmãos Vigilantes, respectivamente, fazem o mesmo anúncio.

O Venerável então diz: "Felicitemo-nos, meus Irmãos, pela aquisição do novo obreiro e amigo que vem abrilhantar as Colunas desta Loja, auxiliando-nos em nossos trabalhos e cultivando conosco as afeições fraternais".

O reconhecimento pelos Irmãos da Loja cria um compromisso de auxílio e socorro. Pode parecer um ato sem importância, mas em todas as sessões de Aprendiz Maçom é perguntado ao Irmão Primeiro Vigilante se ele é maçom, e ele responde que os Irmãos como tal o reconhecem.

Embora exista o reconhecimento por meio de sinais, toques e palavras, o reconhecimento na Iniciação possui um caráter Divino, pois é o nascimento de um novo Irmão e todos assumem o compromisso de o proteger.

Para muitos o auxílio e a proteção estão relacionados ao mundo profano, mas isso nós devemos fazer com todos os seres humanos em suas necessidades. Na Maçonaria, o auxílio deve se estender ao lado espiritual, fato que o mundo profano não lhe proporciona.

Todos os membros de uma Loja Maçônica têm a responsabilidade de acompanhar o desenvolvimento de um novo Irmão e auxiliá-lo em suas necessidades espirituais.

A egrégora de uma Loja Maçônica se forma da qualidade dos pensamentos de seus membros, por esta razão todos devem estar atentos, pois o aprendizado dos membros depende do trabalho de todos.

Por último, existe a fala do Irmão Orador que contém uma série de avisos importantes.

Terminada a fala do Irmão Orador, o Neófito passa a receber o tratamento de Aprendiz Maçom.

Joias, Ornamentos Representativos de Cargos e Funções

A Maçonaria possui três joias fixas e três móveis.

As joias fixas são: a Pedra Bruta, a Pedra Polida e a Prancheta da Loja, assim denominadas porque permanecem sempre à disposição das administrações.

As joias móveis são: o Esquadro, o Nível e o Prumo, que anualmente ficam à disposição da nova administração eleita; os demais símbolos são ornamentos representativos dos cargos.

As joias e os ornamentos são pendurados nos colares representando os cargos. Para alguns autores, os ornamentos deveriam ser bordados nos colares, mas por outro lado, todos acabam funcionando como Pantáculos.

Venerável Mestre   Um esquadro

O Venerável Mestre é o presidente de uma Loja Simbólica e compete a ele dirigir, decidir e orientar, respeitando os preceitos legais e os Ritos. Sobre o trono do Venerável devem estar: a Espada Flamígera, um Malhete, um Candelabro de três luzes, uma Coluneta de ordem Jônica e a Prancha de Traçar.

A joia do cargo de Venerável, o esquadro, vem do latim *quadrare*, sendo sua origem desconhecida mas muito antiga.

O esquadro possui duas formas, uma simétrica e outra assimétrica.

Assimétrico   Simétrico

Em sua representação simétrica, simboliza o equilíbrio entre a união do ativo, representado pela haste central, e o passivo, representado pela base, formando dois ângulos retos, um de cada lado. Em sua forma assimétrica traduz a atividade e o dinamismo.

As linhas que formam os dois tipos de esquadro possuem um significado simbólico muito importante. As linhas horizontais estão ligadas à superfície terrestre ou plano material e, as verticais, estão ligadas ao infinito celeste ou plano espiritual, sendo que todas devem ser percorridas com retidão.

O esquadro retifica e ordena a matéria e, como insígnia do Venerável, significa que a vontade do presidente da Loja deve ter um único sentido, o de preservar os Estatutos da Ordem agindo sempre para o bem.

Encontramos no avental do Venerável as figuras de três esquadros simétricos que, para muitos, representam Taus ou malhetes por causa de seu formato.

A localização nos mostra um no Oriente (abeta do avental) e os outros dois um de cada lado, representando as emanações do Venerável.

A figura do Tau aparece no alfabeto fenício, grego e hebreu, sendo considerado assim como o malhete um símbolo de poder. Sua simbologia está ligada à Cruz e ao equilíbrio resultante do ativo e do passivo ligado ao material e espiritual. Encontramos também ligações que classificam o Tau como símbolo sagrado universal de salvação e vida eterna.

O Tau invertido ou esquadro simétrico utilizado no avental do Venerável possui uma característica interessante, em que a linha vertical está voltada para cima apontando para os Céus.

Na formação do símbolo maçônico (esquadro e compasso), é utilizado o esquadro assimétrico, pois ele possui apenas um ângulo reto, podendo ser utilizado por todos os maçons; já o esquadro simétrico possui dois ângulos retos formando uma dualidade que, embora indique um equilíbrio, representa os dois lados da Loja que só podem ser controlados pelo Venerável.

A Espada Flamejante possui uma lâmina ondulada representando uma língua de fogo. Ela não é uma arma, é um instrumento de transmissão utilizada pelo Venerável como símbolo do poder criador. Ela não possui bainha, pois não devemos conter o fogo.

Segundo as antigas tradições, as transmissões iniciáticas são verdadeiras operações mágicas, e a batida do malhete no metal da espada tem a finalidade penetrar o som no chacra coronário no alto da cabeça.

Como a Iniciação é um processo de criação de um novo ser, ela é feita pela voz do Venerável representando o Verbo com a luz da Espada Flamejante e o som das batidas do malhete.

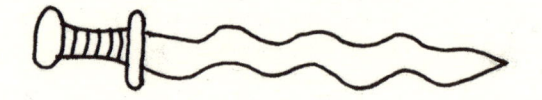

Embora a Espada Flamejante utilizada na Maçonaria seja associada à passagem bíblica do Gênesis 3: 24 – "O Senhor Deus mandou querubins ao jardim das delícias, que faziam brilhar uma espada de fogo para fechar o caminho que levava à árvore da vida"–, acredito que o sentido maçônico não é de impedir e sim de transmitir a iluminação a quem se encontra nas trevas, transmitindo também a todos os participantes da Iniciação.

O Malhete é um martelo de madeira utilizado pelo Venerável e Vigilantes como símbolo de autoridade.

No mundo profano, é utilizado por juízes e mediadores com a mesma finalidade.

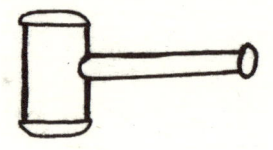

Os malhetes, em virtude de seu formato, possuem uma ambivalência funcional que pode representar o positivo e o negativo, o bem e o mal. Essa dualidade de energias deve ser conduzida pelo Venerável com sabedoria, pois ele também comanda os malhetes dos Vigilantes.

O malhete se assemelha ao maço, ao martelo e ao machado sendo um instrumento de construção, ordem e proteção, que são funções de responsabilidade do Venerável, que deve construir, manter a ordem e proteger a Loja.

Como símbolo esotérico, o malhete serve para que o Venerável possa aparar as arestas da Loja mantendo o equilíbrio e a retidão.

É recomendável que o Venerável escolha um lado do malhete e sempre o utilize em suas batidas para que as energias não se misturem.

Os candelabros correspondem a castiçais com ramificações, em que cada uma corresponde a uma luz.

O candelabro é um símbolo da Luz Espiritual, da semente da vida e da salvação, representando também o *Logos* e a Luz do Universo.

Nos Templos sumérios existiam candelabros nos quais o óleo ardia diante das estátuas dos deuses.

O candelabro dos hebreus é equivalente à Árvore Babilônica da Luz, possui sete braços sendo denominado Menorah. Em Zacarias 4: 1, 14, encontramos uma descrição mítica de origem astral em que os sete braços correspondem aos sete planetas, estando o Sol no centro com três planetas de cada lado.

Os candelabros utilizados nos Templos maçônicos, em Lojas Simbólicas, possuem três braços simbolizando o ternário.

Normalmente as luzes acabam formando um triângulo equilátero, reforçando a simbologia do número três.

O trono do Venerável possui uma Coluna Jônica que simboliza a sustentação e a sabedoria.

A Coluna Jônica é esbelta e sua altura corresponde a nove vezes o diâmetro de sua base. Seu capitel tem a forma de um duplo enrolamento em espiral denominado voluta, sendo a sua origem dos jônios da Ásia e do Templo de Éfeso.

A coluna é um elemento de sustentação que além de dar vida ao edifício que sustenta simboliza a solidez física, social, pessoal e espiritual.

As colunas representam as ligações entre o Céu e a Terra, manifestando o poder de Deus sobre o homem e, materialmente, o poder do homem sob a influência de Deus.

Nas tradições judaicas e cristãs, as colunas possuem uma relação com o sentido cósmico e espiritual representado pela árvore da Vida, árvore cósmica e árvore dos mundos estando ligado ao acima e ao abaixo, ao Divino e ao humano.

Como a Loja Maçônica é conduzida pelo Venerável e os dois Vigilantes, eles representam os três pilares de sustentação que são emblemas dos atributos Divinos.

No caso da Maçonaria, os atributos são simbolizados pela Sabedoria, representada pelo Venerável; Força, representada pelo Primeiro Vigilante; e Beleza, pelo Segundo Vigilante.

O Universo constitui o Templo da Divindade no qual sua sabedoria é infinita. Sua Força é onipotente e sua beleza resplandece na ordem de sua criação.

Em nosso mundo, para termos sabedoria dependemos da força, pois a sabedoria exige sacrifícios reservados aos fortes, mas ser sábio com força sem ter beleza é triste, já que a beleza é a sensibilidade do Criador.

A prancha de traçar é a resignação do papel em branco. Em algumas Lojas é colocado na primeira folha o esquema do alfabeto maçônico.

Para vários autores, é onde o Mestre, simbolicamente, traça planos para que os Aprendizes cumpram o caminho indicado para seu aperfeiçoamento nos trabalhos da Arte Real.

Primeiro Vigilante   Um nível

O Primeiro Vigilante comanda a Coluna do Norte e compete a ele acompanhar o trabalho dos Aprendizes.

Sobre a mesa do Primeiro Vigilante devem estar: um candelabro de três luzes e um malhete, com o simbolismo semelhante ao do Venerável e uma coluneta de ordem dórica que representa a força. Ao lado da mesa, no piso, deve estar uma Pedra Bruta.

A Pedra Bruta é um símbolo de fácil interpretação, pois representa a personalidade rude do Aprendiz, cujas arestas ou seus defeitos ele deve eliminar. É o desbastar da Pedra Bruta que os membros de uma Loja Maçônica devem ensinar ao Aprendiz por meio da disciplina, para que ele possa subordinar sua vontade.

Esta parte do aprendizado possui uma importância muito grande, pois se não corrigirmos nossos erros não poderemos alcançar a espiritualidade. Por esta razão, a Coluna da Força comanda a materialidade, pois para combater os vícios acumulados no mundo profano é preciso ter força de vontade.

Cabe ao Primeiro Vigilante no início dos trabalhos verificar se todos os presentes no Ocidente são maçons, embora o sentido correto seria verificar se todos os presentes estão maçons ou compenetrados para o início dos trabalhos.

Segundo Vigilante   Um prumo

O Segundo Vigilante comanda a Coluna do Sul e compete a ele acompanhar o trabalho dos Companheiros.

Sobre a mesa do Segundo Vigilante devem estar: um candelabro de três luzes e um malhete, com o simbolismo semelhante ao do Primeiro Vigilante, e uma coluneta de ordem coríntia. Ao lado da mesa no piso, deve estar uma Pedra Cúbica.

A Pedra Cúbica representa o avanço do Aprendiz que passou do nível ao prumo ou do material ao espiritual.

Essa pedra está esquartejada ou com seus lados retos, mas ainda não está pronta, necessita ser polida.

O polimento da pedra cúbica é algo muito complexo, pois na verdade demora todo o restante da existência do maçom. Esta é a pedra que será entregue na Grande Obra do Oriente Eterno, como resultado de uma atividade maçônica consciente.

A coluna da beleza é onde o Sol se encontra ao meio-dia, horário em que não existe sombra, e o ser humano consegue se encontrar consigo mesmo.

A beleza nos mostra a sensibilidade Divina que passa despercebida diante dos valores materiais.

Encontramos em pequenas coisas a beleza que não conseguimos reproduzir, e não é necessário trilhar por caminhos difíceis se podemos caminhar serenos desfrutando da beleza que envolve coisas, gestos, pensamentos e ações, pois tudo pode ser belo quando olhamos com os olhos do coração.

Orador — Um livro aberto sobre fundo radiante

O Orador é o encarregado do cumprimento da Lei, preservando a legislação maçônica e sanando dúvidas sobre os dispositivos legais. É o responsável pelas conclusões das matérias ou debates, e deve usar a palavra em solenidades e saudações a visitantes.

Também na qualidade de promotor de justiça, pode denunciar a Loja ou maçons que infrinjam a legislação. Assina as atas aprovadas juntamente com o Venerável e o Secretário.

Embora normalmente sejam estas as atribuições do Orador relatadas nos manuais e obras literárias sobre Maçonaria, seu papel é muito mais amplo.

Ele é o responsável pela palavra dentro da Loja e cabe a ele conferir a ata quando contiver algo de errado, mesmo após a aprovação dos Irmãos. O Orador simboliza o verbo, a palavra ritualística, e deve controlar as palavras pronunciadas em desacordo com a ética e a moral.

Secretário — Duas penas cruzadas

Cabe ao Secretário redigir e ler as atas das sessões, cuidar da correspondência da Loja com o Venerável, assim como de todos os assuntos relacionados à Potência Maçônica a que a Loja está filiada. Mantém o prontuário dos Irmãos do Quadro, solicitando a cada novo Irmão o seu registro no fundo de pecúlio maçônico, assinando com o Orador e o Venerável as atas aprovadas.

Embora uma parte das funções do Secretário seja de caráter burocrático, a confecção da ata se reveste de enorme importância. O registro das falas e dos acontecimentos retrata um momento na história da Loja e, por que não, da própria humanidade.

O cargo de Secretário deve ser ocupado por uma pessoa que possua a sensibilidade de captar os assuntos e as manifestações ocorridas durante os trabalhos. Não se trata de produzir nem um romance nem um telegrama, mas algo que possua um conteúdo claro e perfeitamente entendível para que, no futuro, alguém possa ler e compreender os acontecimentos.

Devemos entender que somente após termos conhecido a escrita, fatos da Antiguidade puderam ser produzidos, e as civilizações que sucederam conseguiram entender o que ocorreu no passado.

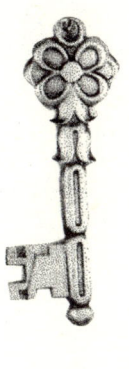

Tesoureiro — Uma chave

O Tesoureiro tem a responsabilidade de efetuar todos os pagamentos e controlar os recebimentos da Loja, elaborando a previsão orçamentária e os balanços.

Deve também, com o Irmão Hospitaleiro, conferir o produto da Bolsa de Beneficência e assinar com o Venerável todos os documentos relativos à área financeira.

Porém, talvez a função mais delicada do Tesoureiro seja o acompanhamento dos pagamentos das mensalidades dos obreiros, pois sempre existem os Irmãos que se sentem ofendidos ao serem cobrados, esquecendo-se de suas obrigações para com a Loja.

Em minha opinião, o Tesoureiro deve ser um cobrador e não um recebedor das mensalidades, porque quando elas se acumulam a dívida se torna difícil de ser quitada. Nesse momento, surgem os Irmãos bem-intencionados (cujo inferno está cheio), os quais acham que o Tesoureiro deve ser tolerante.

A Loja é uma entidade que necessita de recursos financeiros para que possa existir. Quando um Irmão do quadro para de pagar, é necessário que o fato seja comunicado ao Venerável para que seja verificado junto ao Irmão devedor sua situação financeira. Em determinados casos, é melhor que o Irmão se desligue do quadro, pois a dívida poderá assumir proporções astronômicas e ele, sendo devedor, acabará tendo vergonha de vir à Loja. Desta forma, ele pode se desligar, a dívida fica congelada e quando tiver possibilidades, retorna.

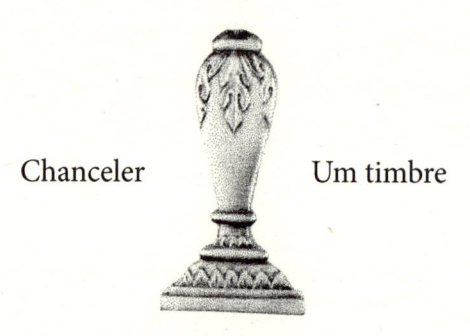

Chanceler   Um timbre

A função do Irmão Chanceler é manter o Livro de Presença dos Irmãos do quadro e dos visitantes.

Quando a Loja recebe visitantes, deve ser feita uma relação à parte com os nomes e as Lojas para que o Orador possa fazer a saudação no momento apropriado.

Deve cuidar também da relação dos aniversariantes e informar o Irmão Hospitaleiro as faltas constantes de algum Irmão, para que este possa verificar se existe algum problema.

Com o Tesoureiro, organiza a relação de obreiros em condições de votar e serem votados.

Mas o Chanceler, durante a Iniciação, é encarregado de imprimir no peito do Candidato o Cunho Inextinguível que possibilita ao futuro Irmão ser reconhecido por todos os maçons do Universo.

Embora essa parte da Iniciação não seja considerada por muitos importante, ela possui um lado esotérico de grande relevância. Não se trata de marcar um Irmão como gado para cumprir o ritual, mas de espiritualidade e amor.

O reconhecimento na verdade é esotérico, e acredito que muitos maçons já sentiram a presença de um Irmão desconhecido mesmo sem a palavra semestral ou toques; é o reconhecimento espiritual.

Mestre de Cerimônias   Uma régua

O Mestre de Cerimônias tem como responsabilidade a direção e a execução de todo o cerimonial, tanto dentro como fora do Templo.

Pode andar livremente no Templo, sendo o condutor dos obreiros e visitantes.

Na abertura do Livro da Lei conduz o Ex-Venerável imediato ou, na sua ausência, o Orador até o Altar dos Juramentos, compondo com os Diáconos o baldaquim triangular. Na entrada dos obreiros ao Templo, é ele quem bate a porta, organizando a entrada ritualística.

A régua sempre foi um símbolo de retidão, medida e lei.

A Maçonaria utiliza a régua de 24 polegadas como instrumento de trabalho e medida do tempo. Não devemos desperdiçar o tempo na ociosidade ou em coisas supérfluas, devemos dividi-lo entre o trabalho, a meditação e o repouso.

O Mestre de Cerimônias é o condutor dos Irmãos em razão de ser conhecedor das distâncias por meio da medida.

Além de ser condutor, ele é um protetor carregando sempre um bastão, embora sua verdadeira proteção esteja relacionada à espiritualidade.

Também podemos considerar o Mestre de Cerimônias um guia, que conhecendo os caminhos do Oriente ao Ocidente, do Norte ao Sul, nos leva em segurança a nosso destino espiritual.

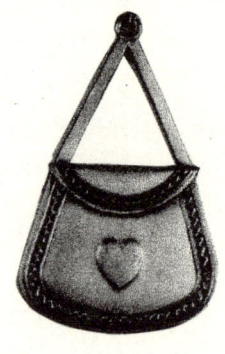

Hospitaleiro   Uma bolsa

A origem do cargo de Hospitaleiro tem sua inspiração na Ordem dos Hospitalários surgida por volta 1099, durante a Cruzada que libertou Jerusalém.

A finalidade dos Hospitalários era hospedar, curar e dar condições de subsistência, garantindo aos fiéis o retorno às cidades de origem.

Na Maçonaria, o Hospitaleiro é encarregado da arrecadação dos óbolos e dos pedidos de auxílio dirigidos à Loja.

A arrecadação é feita por meio de uma bolsa denominada Bolsa de Beneficência para o Tronco de Solidariedade que, no passado e atualmente, é também chamada de saco.

O Hospitaleiro deve visitar os obreiros enfermos, comunicando seu estado aos Irmãos da Loja e, em caso de falecimento, providenciar o recebimento do Pecúlio Maçônico pela família do falecido.

A cerimônia de circulação da Bolsa de Beneficência obedece às mesmas formalidades ritualísticas da bolsa de propostas e informações. É um ato de solidariedade humana em que os presentes devem permanecer em silêncio, pois a oferenda é uma doação mística na qual, pelo ato de dar, agradecemos por tudo que recebemos.

Ao passar a Bolsa, o Hospitaleiro deve virar o rosto para não ver o que está sendo depositado. Há relatos, que alguns autores consideram lenda, que informam que no passado a Bolsa era passada de mão em mão, e se algum obreiro tivesse necessidade, poderia retirar uma contribuição da Bolsa.

A colocação da contribuição na Bolsa deve ser feita com a mão direita obedecendo à máxima: "Que a mão esquerda não veja o que a direita faz".

A doação, além de ser um procedimento esotérico, possui um conteúdo Divino representando a possibilidade de poder atender ao próximo.

É um ato de amor, lembrando que no Painel de Aprendiz temos a Fé, a Esperança e a Caridade.

Guarda do Templo — Duas espadas cruzadas

A responsabilidade do Guarda do Templo é zelar pela segurança do Templo, ficando a seu cargo a abertura e o fechamento da porta. No início dos trabalhos em Loja, deve verificar se o Templo se encontra a coberto, ou seja, protegido de estranhos.

Após a preparação do Templo para a Sessão, deve ocupar seu lugar, permanecendo no final dos trabalhos em seu posto até a saída do último Irmão.

O cargo de Guarda do Templo, como tudo na Maçonaria, é revestido de simbolismo, embora no passado, quando a Ordem foi perseguida, sua função era real e necessária.

As espadas cruzadas são encontradas em inúmeros brasões militares através dos tempos, significando estar em guarda para o combate.

A posição das espadas voltadas para baixo simboliza o ato de defesa, e o fato de haver duas espadas significa que os dois lados devem estar atentos.

Segundo referências antigas, quando a Loja possuía um Irmão Cobridor que ficava no Átrio, fora do Templo, o Guarda do Templo batia com o cunho da espada pelo lado de dentro e o Cobridor respondia da mesma maneira pelo lado de fora, significando que o Templo estava a coberto.

Esotericamente, a função do Guarda do Templo é verificar se existem manifestações espirituais negativas que possam adentrar ao recinto prejudicando os trabalhos, e por meio de sua espiritualidade inerente ao cargo deve impedir a entrada.

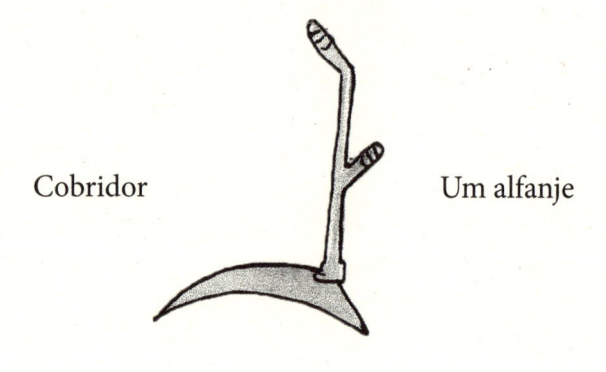

Cobridor   Um alfanje

A função de Cobridor indica que ele deve ficar fora do Templo, na Sala dos Passos Perdidos, para vigiar a intromissão de estranhos.

No passado, quando a Maçonaria foi perseguida, existia mais de um Cobridor para vigiar o local onde os trabalhos eram realizados às escondidas.

O Cobridor deve conhecer todos os sinais, toques e palavras para poder examinar os visitantes que desejam entrar no Templo, certificando-se de que são maçons.

Em minha opinião, o Primeiro Vigilante deveria pedir para o Guarda do Templo solicitar ao Cobridor que entrasse no Templo e informasse se está tudo em ordem, permanecendo definitivamente dentro do Templo. No caso da chegada de algum Irmão retardatário, caberia a ele ir recepcioná-lo e informar de quem se trata, providenciando sua entrada.

O Cobridor deve ser um Irmão de grande experiência, pois cabe a ele, além da proteção física, a proteção espiritual verificando habilmente se os visitantes são realmente maçons e o objetivo de suas visitas.

Primeiro Diácono — Uma pomba inscrita em um triângulo

Segundo Diácono — Uma pomba em voo livre

Diáconos (*Diakonos*) é uma palavra grega que significa servidor. Na Igreja Católica representa a segunda ordem de oficiais ou cléricos. No Rito Escocês Antigo e Aceito, temos dois Diáconos: o primeiro serve ao Venerável, levando suas ordens aos Vigilantes e Oficiais, e o segundo atende aos Vigilantes, sendo também o responsável pelo respeito, disciplina e ordem nas colunas.

São os mensageiros que conduzem a Palavra Sagrada e formam com o Mestre de Cerimônias a abóbada triangular na abertura do Livro da Lei.

Esotericamente, o símbolo do Primeiro Diácono, uma pomba inscrita em um triângulo, representa o Espírito Santo, estando relacionado ao batismo de fogo.

O símbolo do Segundo Diácono, uma pomba em voo livre com uma folha no bico, representa a pomba que pousou na Arca de Noé após o dilúvio, estando relacionada ao batismo pela água.

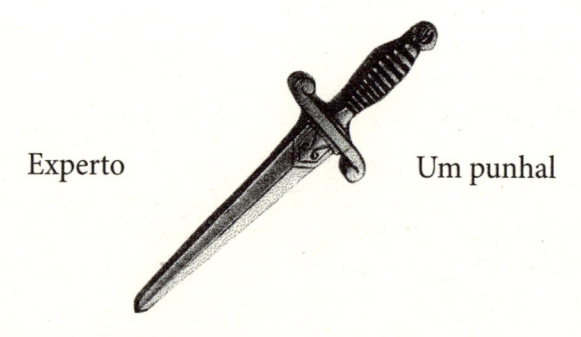

Experto   Um punhal

Experto é sinônimo de perito, experimentado.

Tem a função de acompanhar os candidatos durante as provas da Iniciação, sendo o único que pode entrar com eles na Câmara de Reflexões.

O cargo exige um grande conhecimento ritualístico para que a cerimônia de Iniciação seja perfeita.

Em determinado momento da Iniciação, o Venerável o denomina de Irmão Terrível, o sacrificador dos perjuros, aquele que apresenta aos candidatos a Taça Sagrada da boa e má sorte.

Embora este cargo seja visto apenas em função dos conhecimentos do Ritual, o Irmão Experto tem a responsabilidade de acalmar os candidatos e conduzi-los espiritualmente, cabendo a ele transmitir segurança aos candidatos.

É por meio do trabalho do Irmão Experto que os candidatos conseguem encontrar o caminho, mesmo estando com os olhos vendados.

Porta-Bandeira — Uma bandeira

O Porta-Bandeira é o encarregado de, juntamente com uma guarda formada pelo Mestre de Cerimônias e dois Mestres armados de espadas, buscar e conduzir a Bandeira Nacional nas cerimônias magnas.

Porta-Espada — Uma espada

A função do Porta-Espada é conduzir a espada emblema do poder, em todas as cerimônias e solenidades da Loja.

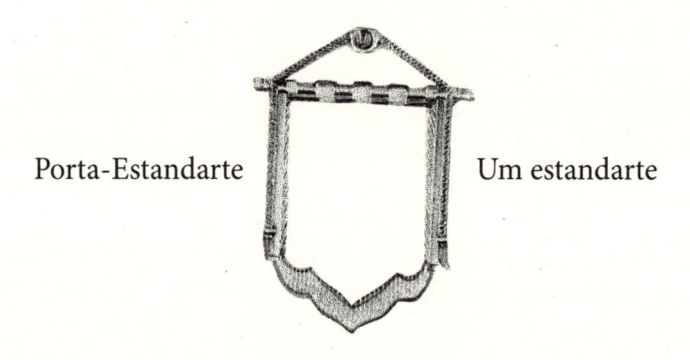

Porta-Estandarte   Um estandarte

O Porta-Estandarte é o oficial que conduz o estandarte da Loja nas cerimônias de Iniciação, instalação de Loja, inauguração de um Templo e recepção de autoridades.

O estandarte da Loja é um símbolo muito importante, pois é por meio dele que a Loja pode ser identificada, correspondendo à representatividade da bandeira.

Arquiteto   Um maço
                  e um cinzel
                  cruzados

Embora seja um cargo que os Irmãos deem pouca importância, o Arquiteto tem a responsabilidade de preparar a Loja para os trabalhos. Cabe a ele providenciar todos os instrumentos necessários ao Grau em que a Loja funcionará, assim como recolhê-los após o término dos trabalhos, depois da saída do Guarda do Templo.

Além de ser o primeiro que entra e o último que sai do Templo, ele deve verificar o estado dos objetos providenciando o conserto ou a reposição.

Normalmente, solicita a ajuda dos Aprendizes e Companheiros para que estes possam ir se familiarizando com a montagem da Loja.

É uma função que requer muita atenção, pois fica desagradável a falta de algum instrumento durante uma cerimônia, principalmente se tiver visitantes.

O Arquiteto e seus ajudantes, ao montarem o Templo com amor e atenção, são os primeiros responsáveis pela formação de um ambiente propício e harmonioso para que uma Egrégora benéfica se constitua.

Acredito ser importante lembrar que para que uma Egrégora voltada para o bem se forme, além dos bons pensamentos dos participantes, é necessário que o ambiente esteja bem arrumado.

O Irmão Arquiteto é o construtor do ambiente.

Bibliotecário — Um livro aberto com uma pena sobreposta

O Bibliotecário tem a função de organizar e manter os livros e outros documentos para consulta e instrução dos obreiros.

Além destas funções, deve divulgar novas aquisições e solicitar aos Irmão doações que possam melhorar o acervo.

Todas as Lojas, na medida do possível, deveriam possuir uma biblioteca voltada para os assuntos maçônicos, visando aprimorar os conhecimentos dos Irmãos.

Mestre de Banquetes	Uma cornucópia

Na tradição greco-romana, a cornucópia é um chifre cheio de flores e frutos, simbolizando a fraternidade, a abundância, a sorte, a profusão dos dons divinos.

Era considerada atributo das divindades da Terra, da paz, da riqueza e do destino.

Nas Lojas Maçônicas, cabe ao Mestre de Banquetes promover as festas da Loja, como confraternizações entre os familiares e outras Lojas, além do ágape fraternal após os trabalhos e o banquete ritualístico.

O banquete ritualístico é uma cerimônia de grande importância que deve ser organizada pelo menos uma vez ao ano com todas as formalidades.

Mestre de Harmonia	Uma lira

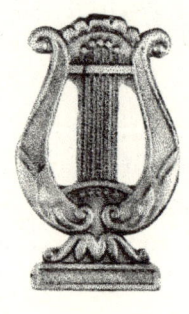

A função do Mestre de Harmonia é, por meio da música, promover a harmonia dos trabalhos.

Cabe a ele escolher e providenciar a execução de toda a parte musical dos trabalhos.

Muitas Lojas não dão a devida importância à música, mantendo aparelhos de som em péssimas condições; outras nem possuem aparelhos.

Este fato é lamentável, pois a audição é um dos cinco sentidos que exercem grande influência no estado de espírito.

A música está ligada à beleza; desta forma, o Mestre de Harmonia deve ficar ao lado esquerdo do Segundo Vigilante no fundo da Coluna do Norte.

Ex-Venerável

Um esquadro contendo 47°, postulado de Euclides

Os Ex-Veneráveis também são chamados de *Past Master* ou o Mestre Passado.

O último que ocupou o cargo se senta ao lado direito do Venerável atual, para orientá-lo no que for preciso, sendo considerado como cobridor do Venerável; os demais sentam-se no Oriente.

Embora grande parte dos Ex-Veneráveis possua conhecimento e experiência, são mal aproveitados na Maçonaria. Atualmente surgiram algumas tentativas, como o Conselho de Mestres Instalados, cuja função seria aconselhar o Venerável, porém este assunto não ficou bem claro. Uma parte dos Irmãos acha que a ideia é boa, mas outra parte considera uma intromissão no trabalho do Venerável. De minha parte acho boa, desde que a solicitação de ajuda parta do Venerável.

Existe algo muito interessante com relação aos Ex-Veneráveis: a maioria deles não se nega a cobrir a ausência de um Irmão, realizando a sua função, seja ela qual for, o que reforça a tese de que na Maçonaria não há cargos importantes.

Os Aventais

Desde o começo da humanidade, o ser humano sentiu a necessidade de proteger seu corpo; encontramos a primeira referência em Gênesis, 3-7.

Com o passar do tempo, novas descobertas possibilitaram o surgimento de outros tipos de proteção para os corpos, e as roupas acabaram possuindo também uma característica estética que acabou diferenciando as classes sociais e as atividades profissionais. Desta forma, surgiram vários tipos de roupas e, como elas deveriam ser caras na época, a classe trabalhadora criou uma proteção mais simples, para que sua atividade profissional não estragasse sua vestimenta, de onde surgiram os vários tipos de aventais de acordo com suas necessidades.

A Maçonaria, segundo estudos atuais, teve sua origem nas guildas ou associações de profissionais ligados às grandes construções em pedra que surgiram no início da Idade Média. Esses profissionais naturalmente tinham de se proteger com aventais, por causa da natureza bruta de seus trabalhos.

As associações de construtores se reuniam para manter seus segredos e formar novos profissionais. Na época, várias categorias profissionais, como soldados, servidores domésticos, funcionários públicos e outros, possuíam trajes diferenciados; possivelmente os primeiros maçons tenham adotado os aventais, que eram símbolos de suas atividades, e os transformado em símbolos de sua fé.

Os aventais dos maçons operativos tinham um aspecto rústico em virtude da finalidade protetora, e somente quando a Maçonaria se tornou Especulativa, por causa de influências da época e as características culturais dos novos Irmãos, surgiram os aventais decorados com símbolos que passaram a identificar os graus.

Alguns autores maçônicos escreveram textos fantasiosos sobre a origem dos aventais maçônicos, chegando ao ponto de atribuírem sua origem a Adão e Eva quando cobriram sua nudez após o pecado original.

O avental maçônico surgiu para a Maçonaria Especulativa como um legado da Maçonaria Operativa, mas a instituição, como uma sociedade iniciática, fez com que diversas correntes de estudiosos que passaram a fazer parte dela procurassem buscar na simbologia das sociedades iniciáticas do passado referências esotéricas, para transformar a Maçonaria em uma instituição que promove seus ensinamentos por meio de símbolos e alegorias.

Teorias e contradições à parte, o avental maçônico é a vestimenta simbólica mais importante, sendo indispensável seu uso nos trabalhos em Loja.

Na Maçonaria Simbólica seu uso é obrigatório e proporciona ao maçom o direito de participar das reuniões relativas ao grau em que se encontra em sua Loja, como também em Lojas de outras Potências Maçônicas reconhecidas em qualquer parte do mundo.

Na Maçonaria Simbólica existem três tipos de aventais, cada um correspondendo a um Grau de aprendizado, como também aventais relacionados aos cargos ocupados em Loja.

O Avental do Aprendiz

O avental do Aprendiz é feito de pele de cordeiro branca em forma de um quadrado com uma abeta triangular sobreposta que deve ser mantida levantada, formando um polígono de cinco faces.

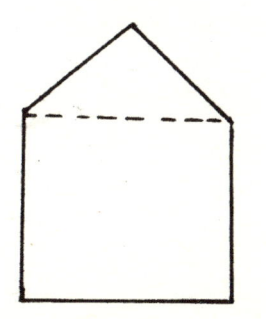

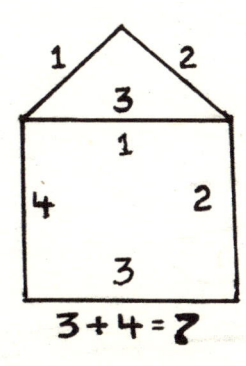

A cor branca do avental simboliza a pureza, a candura e a inocência do iniciado. Assim como a cor branca é o produto de todas as cores do espectro solar, representa o conjunto de todas as virtudes que o maçom deve buscar em seu aprendizado.

A abeta levantada é a proteção necessária para sua função inicial: trabalhar com o maço e o cinzel no desbastar da Pedra Bruta.

O avental com a abeta levantada também nos indica que o Aprendiz está pronto para receber as instruções; e o seu formato, mostrando um polígono de cinco faces, representa os cinco sentidos do mundo material que devem ser compreendidos e utilizados.

Esta figura nos revela também a relação entre o ternário espiritual e o quadrado material, formando o número sete que, segundo as antigas tradições, é o número perfeito que Deus abençoou e amou, sendo o homem o sétuplo ser e a mais dileta obra do Criador.

Convém lembrar que o Aprendiz recebe sete instruções em seu aprendizado.

O grafismo do pentagrama funde o princípio masculino com o feminino, transformando esta união em uma entidade única representada pelo andrógino, ser humano da origem do mundo. Embora o Aprendiz não consiga ver, a estrela de cinco pontas está formada protegendo o início de seu aprendizado, e representa o homem perfeito em sua Plenitude. Encontramos também na abeta levantada o esquadro, símbolo da materialidade que predomina no Aprendiz. Esta simbologia se reflete na posição do esquadro e do compasso no Grau de Aprendiz, em que o esquadro está por cima do compasso, prevalecendo a materialidade.

O Avental de Companheiro

No Grau de Companheiro, a abeta é abaixada, pois a espiritualização recebida começa a penetrar e dominar a matéria.

Desta forma, a abeta abaixada mostra ao Companheiro que cabe agora um trabalho interior dentro de si mesmo, com base no estudo do aperfeiçoamento intelectual e moral, em que tudo deve ser revisto para entender o conhecimento das coisas.

A estrela de cinco pontas que estava oculta no avental do Aprendiz passa a ser visível e flamejante, estando localizada no Templo na Coluna do Sul, onde o Companheiro irá desenvolver seus estudos.Dentro dela ele encontrará a letra G, que irá lhe mostrar o conhecimento das coisas.

O formato e o aspecto do avental do Companheiro nos mostram uma espécie de bolsa onde ele começa a guardar os conhecimentos espirituais.

Na posição do esquadro e do compasso no Grau de Companheiro, podemos ver a espiritualidade avançando sobre a materialidade.

O Grau de Mestre

No terceiro Grau, o avental passa a ter os contornos em azul-celeste, representando sua ligação com os assuntos divinos ou espirituais.

As três rosetas colocadas no avental em forma de triângulo simbolizam o desabrochar da espiritualização, os três pontos de perfeição, as três instruções de Mestre e demais ternários estudados na Maçonaria.

O posicionamento das rosetas nos mostra uma semelhança com as luzes ou os três pilares de sustentação da Loja, que parecem mostrar um compasso sobre o esquadro formado pela abeta.

A rosa de seis pétalas conhecida como roseta hexapétala ou hexafolha é usada desde a Idade do Bronze, principalmente ao norte da península Ibérica. É uma representação solar utilizada como símbolo do renascimento, sendo considerada um elemento de proteção.

A roseta se assemelha à Mandala, palavra sânscrita que significa aquilo que circunda um centro, uma representação geométrica da energia e da relação entre o homem e o cosmo. A Mandala nas crenças orientais é considerada uma oração.

No Grau de Mestre, o compasso está por cima do esquadro, prevalecendo a espiritualidade.

Aventais dos Oficiais

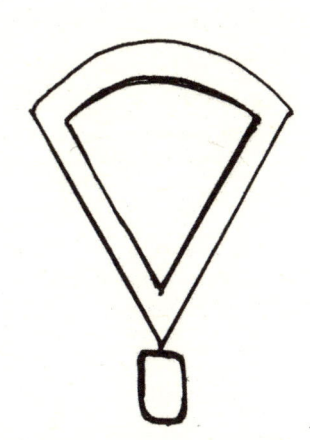

Os Oficiais, além de usarem o avental de Mestre, possuem colares em cujas extremidades pendem os ornamentos representativos dos cargos ocupados (citados anteriormente).

Os colares surgiram como ornamentos da Maçonaria Especulativa que estava ligada a uma classe social mais elitizada.

Os Aventais dos Vigilantes

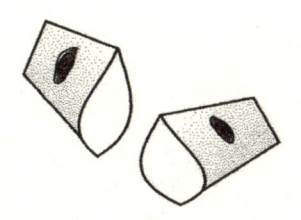

São iguais aos dos Mestres, das abetas descem duas fitas da mesma cor da orla, em cujas extremidades se localizam sete franjas de metal na cor prata com esferas ou borlas nas pontas.

Essas franjas simbolizam os sete planetas, as sete portas, as sete vibrações, os sete planos, os sete dias, os sete degraus da consciência e as sete etapas da evolução.

O colar dos Vigilantes é idêntico ao dos Oficiais, possuindo na extremidade a joia relativa ao cargo.

Além do avental e do colar, os Vigilantes possuem punhos em tecido azul-celeste, com o desenho da joia do cargo bordada na face externa. O uso de punhos vem da Maçonaria Operativa em que, por causa das funções exercidas, eles eram obrigados a utilizar luvas grandes para protegerem as mãos e os punhos. As luvas eram de material rústico, como raspas de couros. Quando a Maçonaria se tornou especulativa e os aventais passaram a ser decorados, as luvas rústicas foram substituídas por luvas brancas, sendo adicionados os punhos.

O Avental de Venerável

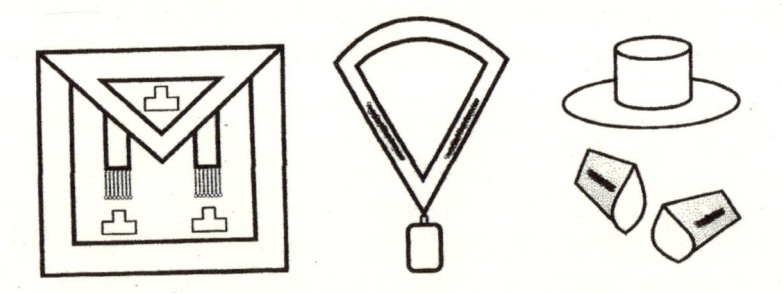

O avental de Venerável Mestre é semelhante ao dos Vigilantes, mas as rosetas são substituídas por três letras T invertidas feitas de metal na cor prata.

Esta letra T é identificada por muitos autores maçônicos como Tau, que é a 19ª letra do alfabeto grego e a última do alfabeto hebraico.

O Tau é a mais antiga grafia em forma de cruz e simboliza a verdade, a palavra, a luz, o poder e a força da mente direcionada para um grande bem, o que sem dúvida podemos considerar como atributos do Venerável.

Também em sua forma invertida, é a convergência de duas linhas, uma vertical e outra horizontal, representando o encontro entre o Céu e a Terra ou entre a espiritualidade e a materialidade. Para muitos, os três Taus no avental do Venerável representam os três malhetes que ele deve comandar.

Em minha interpretação, não desprezando as demais, este símbolo representa o esquadro simétrico que, diferentemente do assimétrico (utilizado no colar do Venerável), possui dois ângulos retos, um de cada lado, sedo considerado uma dualidade de difícil manejo e que somente o Mestre Instalado possui a capacidade de manejar. É o encontro de duas materialidades (ângulos retos) tendo ao centro a verticalidade que conduz à espiritualização.

As franjas de metal na cor prata possuem a mesma simbologia descrita no avental dos Vigilantes.

O colar é semelhante ao dos Vigilantes, mas além da joia do cargo nas duas laterais, são bordados ramos de acácia, o que também é feito nos punhos.

O Venerável possui um chapéu de cobertura.

Os paramentos de Ex-Veneráveis (*Past Masters*) são semelhantes aos de Venerável, possuindo apenas as seguintes modificações:

- O ornamento pendente ao colar representa o 47º postulado de Euclides, que tem como base o teorema de Pitágoras.
- Os Taus ou esquadros simétricos estão cobertos com tecido azul-celeste, pois não são mais usados.

O Ex-Venerável utiliza os punhos com seu símbolo, mas o chapéu de cobertura somente é utilizado nas Sessões de Mestre.

A Abertura dos Trabalhos

Todo o cerimonial presta grande serviço tanto aos homens como à Divindade, pois é um canal de forças estendido entre ambos. Todo o ritual, por mais simples que seja, desperta vibrações no mundo físico que repercutem no mundo divino, resultando em uma situação altamente benéfica e propícia à formação de uma Egrégora protetora.

No esoterismo, o ritual é um mecanismo para o derrame de forças espirituais de esferas superiores em nosso mundo.

No ritual, a Divindade verte sua Vitalidade em todos os planos do Universo e em todos os mundos, e as energias provindas dos mundos superiores são mais intensas que as oriundas dos mundos inferiores. Normalmente cada onda de energia atua em seu próprio plano, mas quando se executa um ritual, forma-se uma espécie de funil, que estabelece um canal por onde as forças divinas passam de um plano a outro. Os pensamentos e os sentimentos de devoção participam como material na construção desse canal e as forças não se derramam apenas no ambiente onde se realiza o ritual, elas se espalham a enormes distâncias beneficiando outros indivíduos de outras coletividades.

Mas pode existir uma dúvida: a Divindade precisa de um ritual para a transmissão de suas energias? A Divindade não precisa de ritual, ela derrama continuamente suas energias sobre todos os seres. O ritual é uma forma direta de captar e canalizar energias para determinado setor, que necessita de luz e proteção para realizar seus trabalhos. As próprias orações individuais obedecendo a regras estabelecidas ou de maneira espontânea são instrumentos ritualísticos que possuem o poder de captar energias.

No ritual maçônico, as energias são irradiadas por meio do Venerável Mestre e dos Irmãos presentes na medida da capacidade individual de elevação espiritual. É por esta razão que em determinadas Sessões não existe a formação de uma Egrégora favorável e os Irmãos retornam aos seus lares e sentem perda do sono e outras perturbações resultantes de uma cerimônia que não estava sob a proteção da luz divina. Por este motivo, cabe aos Irmãos antes de entrarem no Templo se prepararem para contribuir para a formação de um ambiente harmonioso.

Na natureza humana, assim como existe o bem, existe o mal e determinados rituais são executados para o mal, captando energias geradas em planos inferiores.

Devemos saber que a melhor defesa contra essas atividades prejudiciais à evolução humana é a prática de rituais puros, pois eles captam energias de planos elevados anulando os inferiores.

É necessário que os Irmãos entendam que não podemos realizar uma cerimônia apenas para cumprir uma obrigação rotineira, estamos trabalhando com energias poderosas, que requerem um enorme grau de concentração e respeito, pois essas energias não se estabelecem se forem evocadas de qualquer maneira.

Na abertura dos trabalhos maçônicos, a parte mais importante é a abertura do Livro da Lei. Embora possa parecer uma cerimônia simples, é revestida de um simbolismo voltado a captar a presença da Divindade na proteção dos trabalhos, em que o Venerável invoca a presença do Grande Arquiteto do Universo.

A cerimônia começa com o Primeiro Diácono se dirigindo ao trono do Venerável para receber a Palavra Sagrada. Após recebê-la, viaja do Oriente ao Ocidente até a mesa do Primeiro Vigilante transmitindo a palavra a ele. Em seguida se coloca ao lado Norte do Altar dos Juramentos. O Segundo Diácono recebe a palavra do Primeiro Vigilante, viaja até a mesa do Segundo Vigilante, que fica ao meio-dia na Coluna do Sul, e após passar a palavra vai se colocar ao lado Sul do Altar dos Juramentos. O Mestre de Cerimônias sobe ao Oriente e conduz o Ex-Venerável anterior, ou na sua ausência o Orador, até o Altar dos Juramentos onde este se ajoelha. O Mestre de Cerimônias com seu bastão, sustentando os bastões dos Diáconos, forma uma abóbada triangular, que também possui as características de um dossel protetor. Essa abóbada representa a presença da Divindade.

Nesta cerimônia, o Mestre de Cerimônias e os Diáconos levam na mão direita um bastão ou cajado. Esse instrumento possui uma simbologia muito vasta. Pode substituir a espada, sendo considerado um símbolo fálico. Na Antiguidade o cajado representava a terceira perna e a terceira pessoa da Santíssima Trindade. Simboliza poder, julgamento e comando, estando associado ao caminho como um princípio de direção.

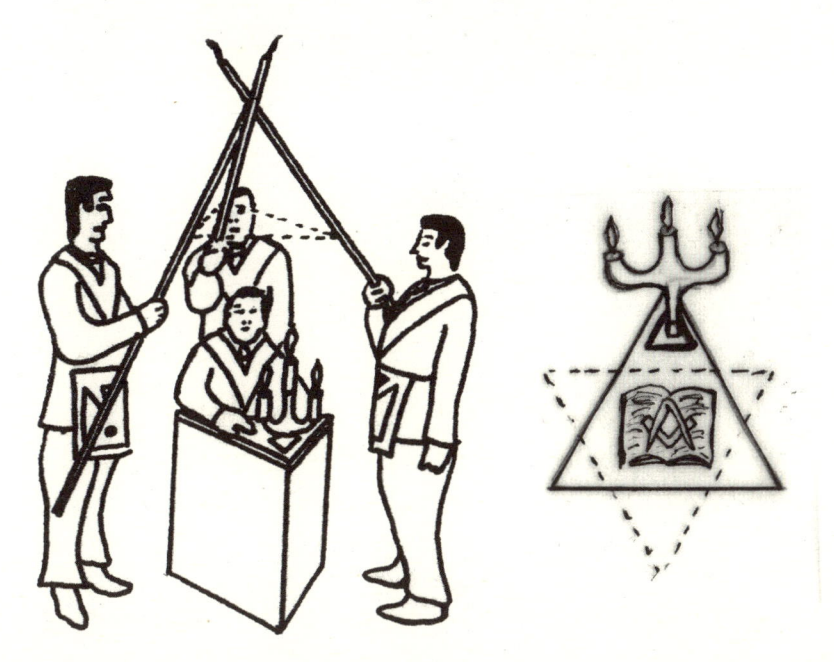

Além de ser um símbolo de autoridade, representa o apoio da humildade, dedicação e sacrifício do peregrino. Como símbolo do Estado Monástico, é utilizado pelo Papa sendo considerado uma ferramenta de exorcismo, uma espécie de para-raios. Possui a função de eixo do mundo centralizando o poder e a energia positiva. Os bastões servem para proteger a Palavra Sagrada e o Irmão que vai abrir o Livro da Lei.

Pelos desenhos, podemos ver que a abóbada triangular, ao se depositar sobre o Livro da Lei, acaba nos mostrando a máxima atribuída a Hermes Trismegisto: "O que está em cima é como o que está embaixo".

A sobreposição do triângulo nos lembra a estrela de seis pontas; a maioria atribui a sua simbologia ao número seis, mas neste caso, em que está presente a Divindade, o número é sete, o número sagrado da Divindade.

Como todo o Universo obedece à lei da polaridade, onde tudo é duplo, tudo tem polos, tudo tem seu oposto e o igual e desigual são a mesma coisa, ao compararmos os extremos das pontas teremos sempre o número sete.

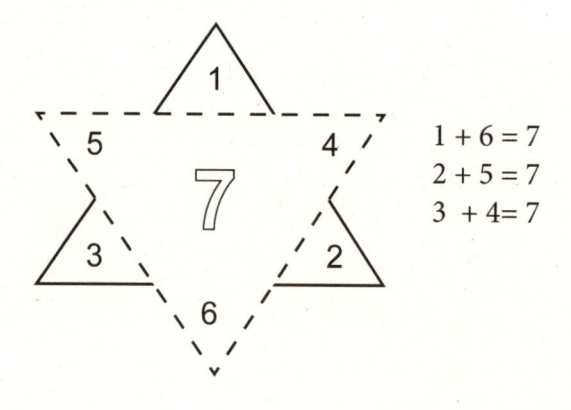

$$1 + 6 = 7$$
$$2 + 5 = 7$$
$$3 + 4 = 7$$

Mas, ao separarmos os triângulos, podemos observar que na sequência numérica de cada triângulo encontramos uma direção, e que eles possuem direções opostas mostrando a harmonia entre os opostos, entre o material e o espiritual.

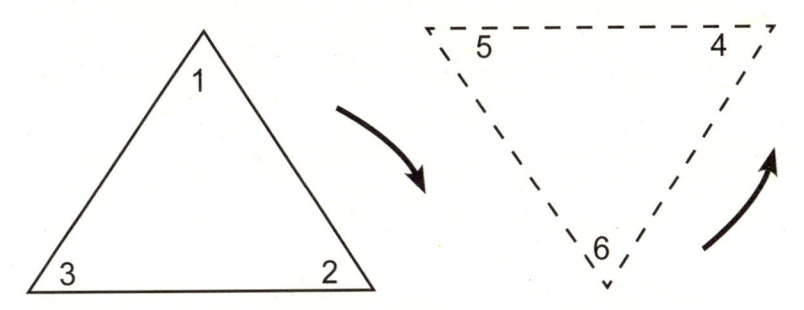

Este posicionamento nos indica que devemos sempre utilizar o sentido destro ou da direita, pois somente a Divindade pode utilizar o outro sentido.

Continuando a cerimônia, o oficiante lê o salmo com os versículos correspondentes que, no caso de ser a Bíblia o Livro da Lei, são os seguintes:

Grau de Aprendiz – Salmo 133: 1, 2, 3:

"Oh! Como é bom e agradável viverem unidos os Irmãos. É como o óleo precioso sobre a cabeça, o qual desce para a barba de Arão, e desce para a gola de suas vestes.

É como o orvalho de Hermão, que desce sobre os montes de Sião. Ali ordena o Senhor a sua bênção, e a vida para sempre."

Grau de Companheiro – Amós 7: 7, 8: "Mostrou-me também isto: eis que o Senhor estava sobre um muro levantado a prumo; e tinha um prumo na mão.

O Senhor me disse: Que vês tu, Amós? Respondi: um prumo.

Então me disse o Senhor: Eis que eu porei o prumo no meio do meu povo: Israel, e jamais passarei por ele.

Grau de Mestre – Eclesiastes 12: 1, 7:

"Lembra-te do teu Criador nos dias da tua mocidade, antes que venham os maus dias e cheguem os anos dos quais dirás: não tenho neles prazer.

E o pó volte a terra, como o era, e o espírito volte a Deus, que o deu."

Os três salmos escolhidos para representarem os três Graus da Maçonaria Simbólica na abertura do Livro da Lei são muito bonitos, significativos e esotéricos.

Além do ensinamento moral, existe o lado espiritual que mostra que a vida é simples, o ser humano é que a complica por meio de suas paixões e intransigências.

No Grau de Aprendiz, o versículo nos fala da união fraternal e da imortalidade da vida.

No Grau de Companheiro nos fala da retidão e do sentido espiritual representado pelo prumo.

No Grau de Mestre nos mostra o sentido da vida pelo envelhecimento e o fim da matéria com o retorno do espírito a Deus.

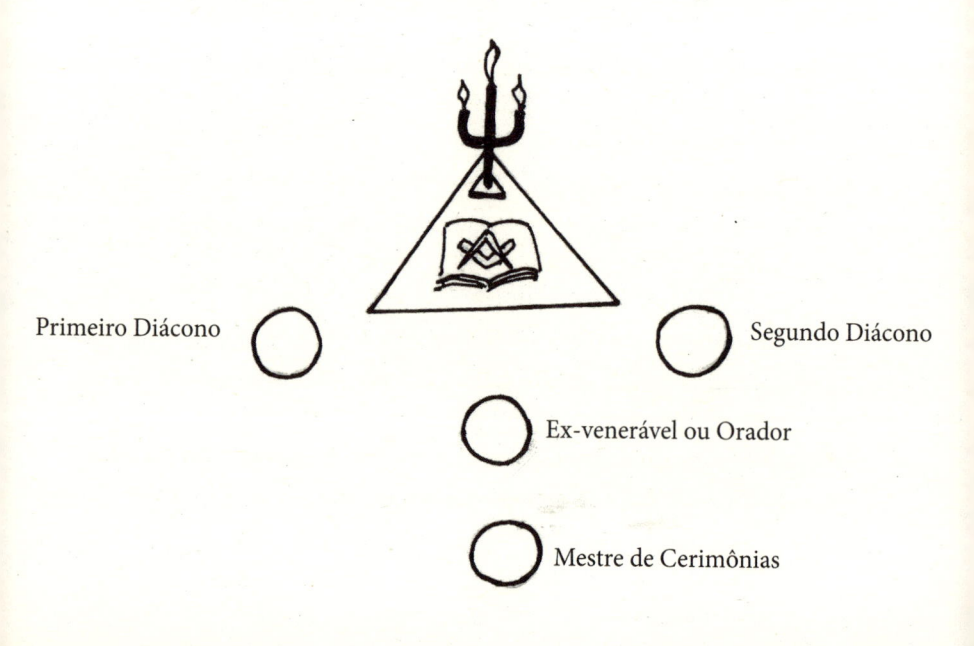

Primeiro Diácono   Segundo Diácono

Ex-venerável ou Orador

Mestre de Cerimônias

Covém lembrar que o Livro da Lei pode ser outro livro que represente a crença religiosa da maioria dos Irmãos da Loja e, neste caso, eles podem determinar o que deve ser lido.

Na formação das pessoas encarregadas de realizar a abertura do Livro da Lei, encontramos um relacionamento esotérico interessante entre os cargos.

No lado esquerdo, temos o Primeiro Diácono, cujo atributo do cargo é uma pomba inscrita em um triângulo que simboliza o batismo e a purificação pelo fogo e o renascimento.

No lado direito, temos o Segundo Diácono, cujo atributo do cargo é uma pomba em voo livre que simboliza o aviso que Noé recebeu após o Dilúvio, em que a Terra foi purificada pela água.

No centro temos um Mestre experiente ou o Mestre responsável pelo cumprimento da lei, e atrás de um deles, o Mestre de Cerimônias, cujo atributo é uma régua, símbolo da retidão e do tempo bem utilizado.

Ao analisarmos o conjunto, encontramos uma simbologia de caráter esotérico voltada ao renascimento por meio da retidão e respeito, lembrando que a Loja renasce a cada sessão que o Livro da lei é aberto.

Em seguida, o Venerável faz uma prece: "Graças te rendemos, Grande Arquiteto do Universo, porque, por tua bondade e misericórdia, nos tem sido possível vencer as dificuldades interpostas em nosso caminho, para nos reunirmos aqui em Teu Nome, e prosseguirmos em nosso labor. Faz, Senhor, com que nossos corações e inteligências sejam sempre iluminados pela luz que vem do alto e que, fortificados por Teu Amor e Bondade, possamos compreender que para nosso trabalho ser coroado de êxito é necessário que, em nossas deliberações, subjuguemos paixões e intransigências, a fiel obediência dos sublimes princípios da Fraternidade, a fim de que nossa Loja possa ser o reflexo da Ordem e da beleza que resplandecem em Teu Trono!"

Em minha opinião, esta prece foi muito bem escrita e possui uma forma esotérica muito importante. É clara, de fácil entendimento para quem se propõe a analisar e entender o conteúdo.

Existe um grande número de pessoas que acreditam que o esoterismo é constituído de coisas desconhecidas, misteriosas e de difícil entendimento. Mas é na simplicidade que se encontram os grandes ensinamentos.

Acredito não haver a exigência de explicar uma prece. Ela foi feita para atender às necessidades de pessoas diferentes, com pensamentos e interpretações variadas; a única unanimidade que deve existir é a crença no Grande Arquiteto do Universo.

Devemos entender que a abertura do Livro da Lei corretamente é o fator fundamental para estabelecer uma boa Egrégora, pois capta bons pensamentos em torno da Divindade.

A Egrégora

O pensamento é uma arma, cujo poder pode ser aplicado tanto para o bem como para o mal, conforme seja a intenção de quem o maneja, o qual, no entanto, será espiritualmente responsável por seus bons ou maus efeitos.

Se os pensamentos são dispersivos e indiferentes, eles se diluem e desperdiçam nossas energias; se são puros, domináveis, treinados e se concentram combinados por um agrupamento de pessoas, podem produzir poderosos centros ou focos de energias mentais que se tornam impenetráveis às más influências.

Esses focos ou centros se transformam em imagens astro-mentais geradas por uma coletividade consciente e se transformam em cadeias invisíveis ou em uma espécie de ser coletivo que é conhecido como Egrégora. Formado da energia e do saber acumulado das pessoas que o formam, o egrégoro é mais forte e mais inteligente do que cada um dos seus membros em particular.

É necessário compreender que os mundos invisíveis são cortados e atravessados por correntes mentais de toda a espécie, formando correntes astro-mentais carregadas de magnetismo que atuam sobre parte da humanidade inconsciente de sua existência, o que pode auxiliar ou prejudicar a evolução.

Em todos os momentos de nossa vida estamos em contato com essas forças, inconscientes de sua existência e de sua ação. Como a maioria dos pensamentos são vagos e preocupados com coisas materiais, eles servem de alimento às correntes más que são em maior número, pois a humanidade carece de esclarecimentos superiores.

Os seres humanos vivem egoisticamente atuando sempre em torno de interesses pessoais, esquecidos de que todos na humanidade são responsáveis diretos do mal causado aos outros. Ignoram que cada pensamento seu é uma força atuante nessas correntes, aumentando o poder do mal.

Nós, maçons, não podemos ignorar que a humanidade vive nas trevas sendo sobrecarregada por forças provindas de planos inferiores, gerando uma luta constante entre o bem e o mal.

O mundo vive um período de transição porque os poderes mentais concretos estão em choque com o desenvolvimento mental abstrato que, voltado para a intuição, será o objetivo a ser desenvolvido pela humanidade.

Atualmente, numerosas crianças começam a manifestar características superiores. O rápido desenvolvimento da ciência, já no limiar do abstrato, nos mostra que ela se aproxima do seu ápice, restando um pequeno espaço entre a ciência e a religião. A matéria e o espírito se encontram em uma aproximação real provando que não existe uma sem a outra, e que a matéria é uma pequena parte do próprio espírito, o que resulta em uma unidade, a mesma que se desdobrou e multiplicou para o aparecimento do Universo com as almas que o habitam.

Neste momento crucial da humanidade, repleto de dores e de lutas, ainda existe a beleza para os que conseguem ver com os olhos da alma e acreditam na Força Divina.

Nós, maçons, somos os discípulos de agora, vanguardeiros da nova civilização que está alvorecendo. Representamos o papel de pioneiros de uma nova era em que surgem novas ideias. Devemos compreender o porquê das coisas, não nos desesperar diante das tempestades atuais e procurar enxergar através das nuvens sombrias o raiar do Sol.

Pioneiros são os que, após perfeita educação do pensamento, transformam suas mentes em receptáculos da luz de seus Egos e transmissoras das verdades eternas até então ocultas, mas que agora devem ser reveladas à humanidade para que ela possa sair das trevas. Não devemos nos prender à analise e ao raciocínio da mente fria, e sim ao coração, fazendo da intuição nossa Espada Flamejante de poder e luz.

Embora sejamos poucos, todo esoterista deve saber que um forte pensamento bom derruba montanhas de maus pensamentos, e que uma ação boa destrói o efeito de milhares de ações más. Desta forma, será possível realizar o almejado sonho do aparecimento de um novo mundo, o despertar de uma nova era de paz, harmonia e felicidade. Todos nós podemos realizar algo pela melhoria do mundo, por meio do reto cumprimento de nossos deveres e desenvolvimento de nossa capacidade de servir cada vez mais e melhor.

Cada um tem de ser o reflexo real da Divindade interna para que um novo mundo seja uma esplêndida manifestação do pensamento humano.

A Bolsa de Beneficência

A Bolsa de Beneficência para o tronco de solidariedade é uma cerimônia de enorme importância realizada pelo Hospitaleiro, que percorre o Templo recolhendo donativos destinados aos humildes e necessitados.

É um ato de solidariedade humana repetido em todas as reuniões, em que os presentes devem permanecer em silêncio, pois a oferenda é uma doação mística na qual, pelo ato de doar, agradecemos a Divindade tudo que recebemos.

Existe um hábito de alguns obreiros antes de colocar sua contribuição: levarem a mão ao lado esquerdo do peito para simbolizar que estão ofertando de coração. Embora alguns procedimentos devam ficar a critério de cada um, particularmente acho esta atitude desnecessária e revestida de um pouco de exibicionismo, pois os demais Irmãos nem podem saber se foi colocado na bolsa alguma contribuição. Mas todos devem obrigatoriamente colocar os donativos com a mão direita, que indica sua real vontade, pois a mão destra (direita) é considerada ativa, a esquerda é considerada sinistra.

É comum, quando uma Loja recebe visitantes, o Venerável pedir ao Hospitaleiro que leve a bolsa para o Irmão Tesoureiro para que seja lacrada (sem revelar o conteúdo) em sinal de respeito aos visitantes.

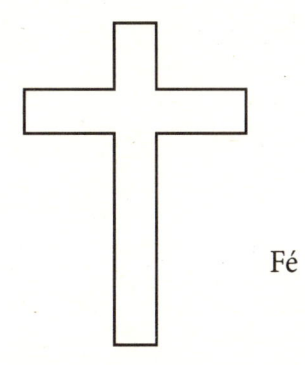

Fé

A Maçonaria procura realizar suas obras de caridade sem ostentação ou publicidade, recomendando esse procedimento aos seus membros para preservar da humilhação quem recebe.

Podemos encontrar no Painel de Aprendiz, junto aos degraus da escada que leva ao Céu, conhecida como escada de Jacó, os três preceitos cristãos: Fé, Esperança e Caridade.

A palavra fé, embora tenha sido utilizada em muitas situações como uma simples forma de crença baseada na ignorância e superstição, possui outro significado com base em uma crença instintiva e um poder mais elevado que os próprios crentes.

A fé não depende de fatores físicos ou da evidência dos sentidos, ela é o limite da intuição, o espírito da verdade que habita o íntimo do nosso ser. A sua ação é mais elevada do que a razão, tendo por base a verdade desconhecida para os descrentes.

A intuição que existe no íntimo de um ser determinado representa a entrada do canal invisível que une o indivíduo à Divindade, é um raio de luz lançado ao Sol.

Grande parte das pessoas que acreditam que a Divindade tenha plenos poderes para realizar coisas impossíveis e compartilhar com seus filhos não está segura de que possui qualidades e fé suficientes para atingir a Divindade.

A fé não está relacionada a situações materiais, como cultura, posição social e outras. A Divindade é a soma total de todo o bem e não existe nada que possamos desejar em nossa vida em que no centro não esteja a Divindade. Ela é a substância de todas as coisas.

Quando os seres humanos pensam que necessitam de coisas materiais ou alentos espirituais, é a Divindade batendo na porta do coração e pedindo para entrar. A necessidade de qualquer coisa é sinal de que Ela já está atendendo. A fé não depende do número de orações, mas da necessidade real. Pelas leis divinas, a oferta precede o pedido, sendo a procura o apelo que traz a oferta à luz.

Porém, assim como a Divindade pode atender às nossas necessidades, existem muitos Irmãos que podemos ajudar, não de maneira financeira e material, mas de forma afetiva e espiritual, e essas atitudes são os verdadeiros atos de fé baseados na real fraternidade.

Esperança

A esperança, assim como a fé, é uma crença emocional que acredita na possibilidade de resultados positivos relacionados a circunstâncias pessoais e coletivas.

A esperança está ligada à perseverança quando acreditamos que existe uma possibilidade de algo se concretizar, mesmo quando todas as indicações são contrárias.

A esperança é o alimento da vida, a forma de manter-se vivo diante das tragédias que acontecem no mundo material, é o apoio de que necessitamos para nos dedicarmos à construção de um mundo melhor.

Um dos exemplos clássicos da esperança vem da mitologia grega por intermédio da ave chamada Fênix, que morrendo por meio da autocombustão renascia das próprias cinzas, simbolizando a esperança da continuidade da vida após a morte.

Muitas pessoas passaram a levar uma vida sem perspectivas e chegaram a cansar de lutar desistindo de tudo e aguardando seu fim por acreditar que nada podia mudar sua situação, entretanto, assim como a Fênix, adquiriram uma nova esperança e voltaram a ser felizes.

Para muitas pessoas, independentemente de suas crenças, a verdadeira esperança está na Divindade e no fato de não ter medo de rever suas posições mentais e espirituais com o intuito de mudar o que deve ser mudado.

A esperança não é escrava do tempo, pois todos sabem que ela é a última que morre, e todo maçom deve compreender que tornar feliz a humanidade é a maior das esperanças que devemos manter em nossos corações.

Caridade

A caridade é algo que faz parte dos ensinamentos de todas as religiões e entidades fraternais, e até de outros tipos de organizações de características materiais.

A maioria das religiões ensina que devemos amar a Divindade acima de todas as coisas, o que é uma verdade, porque com a força Divina podemos realizar todos os objetivos que desejamos. Também escutamos que devemos amar ao próximo com a nós mesmos, assim como não devemos fazer aos outros o que não queremos para nós.

A maioria dos seres humanos em todas as partes do mundo acredita que a caridade se resume em um auxílio financeiro ou material (roupas, comida, etc.). Outros argumentam que no mundo atual vivemos em uma grande competição, o que nos impede de realizarmos a caridade por falta de dinheiro, o que não é verdade.

A caridade não significa apenas doação de dinheiro, ela pode ser também: atenção, dedicação, fortalecimento, esclarecimento, bondade e outros atributos qualitativos, principalmente o amor.

Na Maçonaria, temos uma palavra que se encaixa em caridade: a tolerância, que desperta uma série de virtudes em quem pratica e em quem recebe.

Voltando aos três símbolos da escada de Jacó, podemos observar que o primeiro deles, a fé, se encontra no início da subida da escada, a esperança no meio e a caridade no topo, o que nos leva a crer que sem fé e esperança não podemos atingir a verdadeira caridade.

Retornando à análise do significado da Bolsa de Beneficência, devemos entender que no momento em que ela está circulando entre os Irmãos, devemos, além da colocar o óbulo, permanecer em silêncio e elevar nossos pensamentos a todos os Irmãos e seus familiares, principalmente aos que estejam doentes, pois agindo desta forma estaremos contribuindo espiritualmente.

Encerramento dos Trabalhos

O encerramento dos trabalhos utiliza a mesma preparação ritualística da abertura, o que em minha opinião está correto.

Podemos observar que na abertura é o Venerável que faz a prece, pois o Sol nasce no Oriente. Já no encerramento é o Primeiro Vigilante que fecha, pois o Sol morre no Ocidente.

Quando evocamos a Divindade, estabelecemos uma ligação espiritual e devemos realizar todo o cerimonial da maneira mais correta possível.

As inter-relações humanas sempre existiram, existem e continuarão existindo porque o homem não pode viver só. A lei divina obriga todos os seres à associação, e isso pode ser visto em todos os reinos da natureza.

É pela comunhão física que se propaga a espécie e pela comunhão espiritual que conseguimos chegar à realização da unidade da vida.

Toda a evocação feita à Divindade, pedindo a sua ajuda, deve ser encerrada com um agradecimento para que a cerimônia seja correta. Já assisti a encerramentos de trabalhos em que Veneráveis e até Grão-Mestres encerraram as Sessões com um golpe de Malhete, alegando o adiantado da hora. Se a sessão demora é porque iniciou tarde, os serviços foram mal-feitos ou os presentes falaram demais, e a Divindade não tem nada com isso.

Desta forma, não podemos depois de pedir a sua ajuda no início dos trabalhos cometer a imprudência e o desrespeito de dar uma porretada com o Malhete (que é o que normalmente acontece) e mandar a Divindade embora, achando que isso é "moderninho".

Acredito que no encerramento dos trabalhos o Venerável deveria lembrar os Irmãos que naquele instante vão agradecer à Divindade, portanto devem fazer um pequeno agradecimento e, em seguida, pedir ao Irmão Primeiro Vigilante que proceda ao fechamento da Loja.

Comentários Finais

Nada de novo existe sob a abóbada celeste com relação à espiritualidade. As divergências dos ensinamentos trazidos pelas religiões e filosofias, tanto no Oriente como no Ocidente, em todas as épocas, não representam nada além da eterna verdade que repousa adormecida no âmago do coração humano.

Os seres humanos têm fugido de si mesmos, partindo em busca da verdade que é a Divindade em vários lugares, modificando suas crenças, acreditando em pessoas inescrupulosas que apenas desejam recompensas financeiras, e se esquecendo de que a Divindade está presente neles.

O Universo é o imenso local da manifestação das almas que nele habitam. Moradores da Terra ou de um planeta qualquer vivem todos sob a força do Deus-Sol, o *Logos* ou Verbo dos gregos, Brahma, Osíris Yavé, Alá e outros deuses de várias religiões. Todas O conhecem exotericamente, revestido de Sua glória, emanando vida e sustentando as formas por Ele criadas.

Porém, existe uma vida oculta em toda a manifestação que somente é perceptível a quem tem olhos para ver e ouvidos para ouvir. É uma luz poderosa que comunga com o Sol individual, ou Divindade interna que reside no espírito de cada ser humano.

Há também um som que se espalha pela atmosfera audível apenas para alguns que conseguem ouvir, formando o conjunto harmonioso da criação. A Divindade interior do ser humano é a sua força esotérica, sua visão real, que liberta e mostra o caminho da verdade, sua luz interior.

Na manifestação exotérica do Universo, podemos ver a beleza dos astros estrelando o Céu sobre nossas cabeças. Podemos admirar o encanto das águas, a beleza da montanhas, o esplendor das plantas e o cantar dos pássaros.

Quando pensamos na criatura humana e em tudo que a rodeia, percebemos que uma só vida anima todas as formas residindo no interior de cada uma delas.

Nas pedras mora também a Divindade, na mente dos animais existem pensamentos em formação, eles sentem e pensam como o ser humano, mas falta a autoconsciência que vai aparecer em sua posterior manifestação. No ser humano, assim que a criança vem ao mundo, já ama e sofre como um adulto manifestando os três aspectos da Divindade: ter vontade, amar e possuir atividade criadora.

A palavra esoterismo tem sido alterada de seu real significado.Muitos a comparam ao mentalismo e à magia, agregando a ela significados, atributos e poderes completamente infundados.

Ser esoterista é viver com a mente apoiada no coração, é perceber o lado oculto de todas as coisas no Universo, nas religiões, nas filosofias, nas artes e em todos os reinos da natureza. Ele Deve perceber que a vida é uma forma transitória e eterna que vai transmutando as formas e aperfeiçoando o conteúdo até a unificação total com a Divindade. Deve entrar no coração da vida e agrupar consciências, pois a consciência é uma, separada somente pelas formas que a contém.

Quando o ser humano sentir o amor verdadeiro, compreenderá que ele não é nada mais do que uma partícula do Criador.

Podemos ser esoteristas em nossa vida diária se em todos os momentos procurarmos entender e sentir a vida que se oculta nas formas que se encontram ao nosso lado. Agindo dessa maneira, teremos a possibilidade de perceber que a Divindade se manifesta em todas as formas, e que a união de todas as consciências irá despertar o real esoterismo que se resume em trazer o Céu à Terra por meio da harmonia e da paz.

"Como é em cima, assim é embaixo" é uma antiquíssima máxima atribuída a Hermes Trismegisto (o três vezes sábio) que coloca o ser humano como divino, eterno, imortal, uno, em substância espiritual e trino em sua atividade, pois foi feito à imagem e semelhança de seu Criador (Gên., 1, 2).

Por esta razão, o ser humano é uma consciência encarnada em sua personalidade mortal. Mas enquanto a Divindade é perfeita o ser humano é apenas potencialmente divino, uma semente ou centelha Divina a caminho da perfeição.

Contudo, além da ajuda Divina, existe outro pensamento sustentado por todas as religiões, de que abaixo e acima do ser humano se encontra uma imensa cadeia de evolução, constituída por almas evoluídas, perfeitas e salvas ou libertas, que cuidam da raça humana em sua ascensão; são como pais ou professores.

Todas a religiões apresentam uma série de Instrutores, Anjos ou Devas, em que seu graus e categorias recebem diferentes nomes, porém com a mesma ideia fundamental.

Muitos têm sido os mensageiros que a Divindade tem enviado à Terra para auxiliar a humanidade. As religiões e filosofias têm funcionado como pontes entre o temporal e o eterno, entre o mundo dos homens e o mundo dos Deuses.

Todas as religiões tiveram o seu lado esotérico, mas para torná--las acessíveis à humanidade, foram apresentadas ao grande público sob uma forma exotérica.

Na grande maioria dos casos, a religião não serve apenas como guia espiritual e intelectual, serve também para melhorar as relações entre os seres humanos. Elas procuram levar ao indivíduo maior conhecimento de si mesmo, ensinando a humanidade a saber viver em espírito de cooperação e harmonia. Mas, à medida que suas doutrinas vão caindo na rotina, são pouco a pouco deturpadas até que acabam perdendo o seu sentido esotérico e real, formando uma ideologia sem conteúdo, distante das realidades da vida.

Infelizmente, a Maçonaria vem trilhando o caminho da materialidade, em que os rituais são banalizados e os estudos abandonados por grande parte de seus membros.

A hierarquia, que na Maçonaria deve ser encarada como posição evolutiva, passou a ser um símbolo de poder, gerando a política que é uma invenção humana que não faz parte do esoterismo.

Essa situação não é um acontecimento isolado que tende a se normalizar, é um fato real que tem aumentado de maneira alarmante. Basta verificarmos o número de novas Potências que surgiram nos últimos anos, o número de Lojas que se dividiram formando Lojas pequenas que acabam abatendo colunas, além do número de Irmãos que ao chegarem a Mestre abandonam a Ordem intitulando-se adormecidos.

Muitos podem pensar que este pequeno alerta num livro que aborda o esoterismo não tem sentido. Mas em minha opinião tem, pois essa situação que vem se alastrando no Mundo Maçônico está desvirtuando o aprendizado, materializando cada vez mais as Lojas que passaram a se tornar um clube de serviços ou uma reunião de amigos, onde o ágape fraternal é mais bem cuidado que os trabalhos em Loja.

Em minha opinião, falta maior cuidado na admissão dos candidatos e no desenvolvimento de seus estudos, cuja responsabilidade é dos padrinhos, Vigilantes e Veneráveis, assim como de todos os membros da Loja.

Os trabalhos dos Aprendizes, Companheiros e Mestres novos devem ser feitos em todas as instruções e corrigidos antes de serem lidos em Loja. Também os Mestres e Mestres Instalados devem apresentar trabalhos para serem lidos em Loja, pois o aprendizado deve ser o principal objetivo maçônico.

As Lojas devem estreitar os laços de fraternidade entre os familiares de seus membros, que muitas vezes nem se conhecem, assim como estabelecer um programa de palestras para esposas, filhos e filhas, para que eles saibam o que seu pai faz e sintam orgulho e não dúvidas.

Quanto às Potências Maçônicas que alegam manter relações amistosas entre si, já que não conseguem se unir transformando-se em uma única instituição, deveriam pelo menos unificar os rituais, paramentos e decoração dos Templos do mesmo Rito.

Voltando ao objetivo principal deste livro, quero deixar claro que há outros aspectos esotéricos dentro da ritualística maçônica que abrangem não só os símbolos como também o cerimonial. Apresentei apenas uma parte que considero importante e espero que tenha conseguido despertar o desejo entre os Irmãos de procurarem maior conhecimento.

Acredito que chegará o dia em que haverá a unificação das Almas com seu Deus interno. A realização deste ideal necessita, no entanto, de um espírito de cooperação em vez de competição. A competição, embora seja o Santo Graal das entidades materialistas, tem causado a separação de povos e indivíduos, gerando ódios de toda a espécie. Já a cooperação gera o amor e somente por meio dela é possível conquistar o desenvolvimento espiritual.

Quando os seres humanos se unirem pelo amor, libertos de preconceitos de cor, raça, crença ou nacionalidade, o mundo encontrará a verdadeira espiritualidade.

Devemos lembrar que a evolução é uma lei, e que pela força e poder do amor fraternal a humanidade poderá encontrar o caminho de sua redenção final.

Os verdadeiros maçons sabem que o caminho é difícil, mas que a recompensa vale a pena.

Vamos continuar trabalhando para tornar feliz a humanidade, este é nosso objetivo.

Bibliografia

ASLAN, Nicola. *Grande Dicionário Enciclopédico de Maçonaria e Simbologia*. Rio de Janeiro: Artenova, s.d. v. I a IV.
BÍBLIA SAGRADA. São Paulo: E.P.-Maltese, s.d.
BOUCHER, Jules. *A Simbólica Maçônica*. São Paulo: Pensamento, 1979.
CAMINO, Rizzardo da. *Dicionário Maçônico*. São Paulo: Madras, 2001.
____. *Rito Escocês Antigo e Aceito*. São Paulo: Madras, 2007.
CASTELLANI, José. *Origens do Misticismo na Maçonaria*. São Paulo: A Gazeta Maçônica, 1995.
CHALLAYE, Felicien. *As Grandes Religiões*. São Paulo: Ibrasa, 1989.
CHEVALIER, Jean; GHEERBRANT, Alain. *Dicionário de Símbolos*.
São Paulo: Pensamento, 2005.
COLLIS, Mabel. *Luz no Caminho*. São Paulo: Pensamento, 1941.
DURVILE, Henri. *Ciência Secreta*. São Paulo: Pensamento, 1995.
FIGUEIREDO, Joaquim Gervásio de. *Dicionário de Maçonaria*. São Paulo: Pensamento, s.d.

LEADBEATER, C.W. *A Vida Oculta da Maçonaria*. São Paulo: Pensamento, s.d.
LURKER, Manfred. *Dicionário de Simbologia*. São Paulo: Martins Fontes, 1997.
MASIL, Curtis. *O que é a Maçonaria*. Rio de Janeiro: Tecnoprint, 1986.
MULFORD, Predice, *Nossas Forças Mentais*. São Paulo: Pensamento, 1941.
NEVILLDRYRY, Tilllet Gregori. *Portais do Ocultismo*. São Paulo: Aweti Editora, 1991.
ROGER, Bernard. *Descobrindo a Alquimia*. São Paulo: Círculo do Livro, 1992.
SABOYA, Jackson. *Iniciação ao Esoterismo*. Rio de Janeiro: Nova Era, 1999.
WILSON, Colin. *O Oculto*. Rio de Janeiro: Francisco Alves, 1982.
v. I e II.

Outras Fontes:
Manuais Maçônicos, Constituição e Regulamento Geral publicados pela Editora GLESP – Grande Loja Maçônica do Estado de São Paulo, 1992-2005.

MADRAS® Editora
CADASTRO/MALA DIRETA

Envie este cadastro preenchido e passará a receber informações dos nossos lançamentos, nas áreas que determinar.

Nome _____
RG _____ CPF _____
Endereço Residencial _____
Bairro _____ Cidade _____ Estado _____
CEP _____ Fone _____
E-mail _____
Sexo ❏ Fem. ❏ Masc.   Nascimento _____
Profissão _____ Escolaridade (Nível/Curso) _____

Você compra livros:
❏ livrarias   ❏ feiras   ❏ telefone   ❏ Sedex livro (reembolso postal mais rápido)
❏ outros: _____

Quais os tipos de literatura que você lê:
❏ Jurídicos   ❏ Pedagogia   ❏ Business   ❏ Romances/espíritas
❏ Esoterismo ❏ Psicologia ❏ Saúde   ❏ Espíritas/doutrinas
❏ Bruxaria   ❏ Autoajuda   ❏ Maçonaria ❏ Outros:

Qual a sua opinião a respeito desta obra? _____
_____

Indique amigos que gostariam de receber MALA DIRETA:
Nome _____
Endereço Residencial _____
Bairro _____ Cidade _____ CEP _____

Nome do livro adquirido: ***A Maçonaria Esotérica***

Para receber catálogos, lista de preços e outras informações, escreva para:

MADRAS EDITORA LTDA.
Rua Paulo Gonçalves, 88 – Santana – 02403-020 – São Paulo/SP
Caixa Postal 12183 – CEP 02013-970 – SP
Tel.: (11) 2281-5555 – (11) 98128-7754
www.madras.com.br

MADRAS® Editora

Para mais informações sobre a Madras Editora,
sua história no mercado editorial
e seu catálogo de títulos publicados:

Entre e cadastre-se no site:

www.madras.com.br

Para mensagens, parcerias, sugestões e dúvidas, mande-nos um e-mail:

marketing@madras.com.br

SAIBA MAIS

Saiba mais sobre nossos lançamentos,
autores e eventos seguindo-nos no facebook e twitter:

@madrased

/madraseditora